걸 라이징

세상을 바꾼 소녀들

■ 일러두기

'걸 라이징(Girl Rising)'은 2013년 개봉한 영화 제목임과 동시에, 전 세계 소녀들의 교육받을 권리 보장을 위해
활동하는 단체의 이름입니다. 이 책에서는 영화명에 '〈 〉' 기호를 넣어 단체명과 구분했습니다.

걸 라이징

세상을 바꾼 소녀들

타냐 리 스톤 지음

다림

빼앗긴 권리를 되찾기 위해 싸우는 모든 소녀와

이들을 돕는 모든 사람을 위해.

−타냐 리 스톤

네팔의 여학생들

차례

페루에서 촬영 중인 〈걸 라이징〉 제작진

영화에서 책으로

2013년 4월, 강인한 소녀 아홉 명의 감동적인 이야기를 담은 다큐멘터리 영화 〈걸 라이징〉을 봤습니다. 전 세계적으로 수천만 명의 소녀가 교육받지 못하는 현실과는 달리 영화 주인공 소녀들은 교육받을 기회를 얻었습니다. 아직 일부의 작은 변화에 불과하지만, 영화는 교육에서 소외된 소녀들이 처한 현실이 달라질 수 있다는 희망을 이야기합니다.

영화를 다 보고 나서도 주인공 소녀들이 여전히 나와 함께했습니다. 그리고 생각했습니다. '소녀들의 교육을 가로막는 가장 큰 장벽은 무엇이며, 이 문제는 어떤 원인으로 발생할까?' '왜 이 문제가 소년보다 소녀에게 더 중요할까?' '어떻게 해야 이 엄청난 지구촌 문제를 해결할 수 있을까?' '영화 제작진은 전부 몇 명의 소녀를 인터뷰한 뒤에 주인공을 아홉 명으로 좁혔을까?' '영화에 등장하지 않은 소녀들의 인터뷰 영상은 있을까?'

사람들에게 더 많은 사실을 알리는 데에 필요한 자료를 어떻게 보강할지 궁리했습니다. 소녀들이 교육을 받는 것을 방해하는 여러 요인을 설명하고, 영화에 다 담지 못한 수많은 소녀의 이야기를 추가해서 이 문제가 얼마나 광범위하게 발생하는지 알려야겠다고 생각했습니다. 다행히 〈걸 라이징〉 제작진이 내 생각을 흔쾌히 받아들여 45시간이 넘는 분량의 인터뷰 영상 원본 자료를 제공했습니다. '소녀'에 집중해 활발히 구호 활동을 펼치는 여러 단체의 도움으로, 영화 제작진은 다양한 국가의 소녀들을 만나 인터뷰를 하고, 그 과정을 촬영했습니다. 또한 이 영화를 연출한 리처드 로빈스 감독을 비롯한 제작진은 영화 제작 과정에서 보고 듣고 느끼고 생각한 것을 기록한 현장 노트를 내게 제공했습니다.

영화에서 얻은 정보와 영감에 바탕을 두고 제작진이 제공한, 믿기지 않는 실상을 담은 자료와 내가 조사한 내용을 종합하여 이 이야기들을 엮는 여정을 시작했습니다. 그 여행의 산물이 이 책이며, 그 과정에서 내 삶은 달라졌습니다.

타냐 리 스톤

1부

교육 장벽

"교육받으면 사회에서 인정받지만,
그렇지 못할 때에는 외면당해요."

인도의 **프리야**

"교육이 없는 삶은 빈 종이밖에 없는
책이나 마찬가지예요."

네팔의 **푸르니마**

"학교가 없으면 내 삶은 아무런
의미가 없을 거예요."

이집트의 **두아**

바로 우리 눈앞에 보이는 세상을 기준으로 자신의 존재를 파악하기는 쉽습니다. 나아가 우리를 둘러싼 세상을 기준으로 자신의 존재를 파악하는 일도 어렵지 않습니다. 이러한 두 번째 단계에서 우리는 의식적인 존재가 되었습니다. 우리가 갓난아기라면, 좁은 시야로 오직 눈앞에 있는 가족에게만 집중합니다. 그러다 곧 모든 가족, 이웃, 마을 사람들로 관심을 넓힙니다. 좀 더 성장하면 더 넓은 세계와 그곳에서 함께 사는 사람들을 보기 시작합니다.

지구에는 70억 명이 넘는 사람들이 살고 있으니까요. 사람들 사이에서 일어난 일은 우리가 그 일을 알든 모르든, 그 일에 관심이 있든 없든 상관없이 서로 영향을 끼칩니다. 자본, 전쟁, 자연재해, 문맹 퇴치, 교육 등은 우리 삶에 폭넓게 영향을 미치며 사람들 사이를 서로 긴밀하게 연결합니다. 우리 각자가 미국의 어느 작은 도시나 아프리카 시에라리온의 한 마을, 혹은 태국의 어느 대도시에 뿔뿔이 흩어져 산다 해도 그렇습니다. 우리 이웃, 세계 시민에게 일어나는 일은 우리 모두의 일이기도 합니다.

우리는 이 세상을 좀 더 균형 있고 인간적이며 살기 좋은 곳으로 만들기 위해 노력해야 합니다. '교육' 분야에서 전 세계적으로 6200만 명이 넘는 소녀*가 학교에 다니지 못하는 현실은 우리 모두에게 영향을 줍니다. 왜 그렇게 많은 소녀가 학교에 다니지 못할까요? 왜 그 사실이 그렇게 중요할까요?

---

* 대부분 자료에서 학교에 다니지 못하는 소녀의 수를 6200만 명으로 제시하지만, 그 수를 정확히 산정하기는 매우 어렵습니다. 2016년 유네스코는 학교에 다니지 못하는 소녀가 최대 1억 3000만 명에 달할 것으로 보인다고 발표했습니다.

"예전의 나처럼 고통받는
아이들을 돕고 싶어요."
시에라리온의 **판타**

수백만 명의 어린 말랄라

고향 마을의 여학교를 파괴한 탈레반(근본주의 이슬람 무장단체)의 만행을 공개적으로 비판한 파키스탄 소녀, 말랄라 유사프자이에 관한 이야기를 들어 본 적이 있을 것입니다. 당시 말랄라는 겨우 열 살이었습니다. 다음 해, 말랄라는 BBC(British Broadcasting Corporation: 영국방송공사) 블로그에 소녀의 교육받을 권리를 주장하는 글을 올렸습니다. 파키스탄에서 이렇게 공개적으로 의사를 표현하는 일은 위험하기 때문에 처음에는 가명으로 활동했습니다. 이것도 잠시, 곧 말랄라의 정체가 밝혀졌지만 말랄라는 계속 자신의 주장을 펼쳤고 그 공로로 2011년 파키스탄 청소년 평화상을 받았습니다.

말랄라는 용감했지만 그 때문에 위험에 빠졌습니다. 2012년 10월, 말랄라가 열다섯 살 때 한 젊은 탈레반 대원이 학교 버스에 올라타 말랄라의 머리를 향해 방아쇠를 당겼습니다. 다행히 말랄라는 이 습격에서 살아남아 소녀의 교육받을 권리를 주장하는 활동을 이어 나갔습니다. 그리고 2014년, 역대 최연소 노벨평화상 수상자가 되었습니다.

말랄라는 엄청난 일을 해냈습니다. 그러나 말랄라는 이 사명을 이어 가는 사람이 자기 혼자만은 아니라고 생각할 것입니다. 전 세계 수많은 소녀가 좀 더 나은 삶을 원하며 끊임없이 싸웁니다. 강제 노동과 조혼을 거부하며 오래된 악습을 바꾸기 위해 자신의 안전을 희생하기도 합니다. 교육을 통해 좀 더 나은 세상을 만들기 위해 싸웁니다. 영국의 고든 브라운(Gordon Brown) 전 총리는 한 기고문에서 "어린 말랄라 수백만 명이 있다."라고 말했습니다.

우리와 전혀 다르게 사는 이 수많은 소녀와 우리 사이에 공통점이 없다고 생각할지도 모릅니다. '다른' 곳에 사는 '다른' 소녀일 뿐이라고요. 그러나 그렇지 않습니다. 전 세계 어디에 살든 소녀는 소녀입니다. 사랑하는 부모님과 형제자매가 있는 소녀입니다. 가장 친한 친구에게 자신의 비밀을 털어놓는 소녀입니다. 좋아하는 음악을 연주하고, 수영하고, 뛰놀고, 꿈꾸고, 공부하는 소녀입니다.

이 소녀들이 우리와 극명하게 다른 점은 오직 하나, 자신들의 의지와 상관없이 교육받을 기회를 갖지 못한다는 점입니다. 이 소녀들은 학교에 다니려면 싸워야만 합니다.

선진국에 사는 청소년 대부분은 아침에 일어나 자연스레 학교로 향합니다. 국가에서 모든 학생을 무상으로 교육하기 때문입니다. 이와 달리 전 세계 국가 중 50여 개국은 학교 교육을 받으려면 수업료를 지불해야 합니다. 그렇지만 이들 국가의 국민은 이 비용을 감당하지 못할 때가 많습니다.

우리는 어떤 숫자나 사실이 뜻하는 바가 얼마나 중요한지 제대로 이해하지 않고 넘어가기 일쑤입니다. 그러나 '6200만 명의 소녀가 학교에 다니지 못한다'는 사실은 전 세계에 매우 막대한 영향을 미칩니다.

왜 그럴까요? 소녀를 교육하면 말 그대로 국가를 운영하는 방식이 달라지기 때문입니다. 소녀를 교육하면 국가의 기능이 달라집니다. 소녀를 교육하면 국가 경제와 일자리가 달라집니다. 소녀를 교육하면 국민의 건강 수준이 달라집니다. 소녀를 교육하면 자녀 양육 방식이 달라집니다. 소녀를 교육하면 모든 문화가 달라질 수 있습니다.

"사람들과 함께 살아가고 싶어요. 어떻게 하면 되나요?"

아이티의 **로제마리에**

소녀 교육의 파급효과

소녀를 교육하는 것으로 어떻게 이 모든 일을 이룰 수 있을까요? 세계 인구의 50%는 여성입니다. 70억 세계 인구 중 절반이 교육을 받아 직업을 갖고 더 건강해진다면 세상은 좀 더 나아질 것입니다. 이미 많은 국가 지도자가 이 사실을 압니다. 2015년 1월 인도의 나렌드라 모디(Narendra Modi) 총리는 '딸을 살리자! 딸을 가르치자!'라는 캠페인을 시작했습니다. 며칠 후 인도를 방문한 미국의 버락 오바마(Barack Obama) 전 대통령은 "소녀 한 명을 학교에 보내는 일은 그저 어린아이 한 명에게 길을 열어 주는 일이 아닙니다. 우리 모두에게 이로운 일입니다. 어쩌면 훗날 이 소녀가 자신의 사업을 경영하거나 새로운 기술을 개발하고 질병을 치료할 수도 있습니다. 여성이 일을 할 수 있을 때, 가족은 더 건강해지고 지역사회는 더 풍요로워지며, 국가는 더 번영합니다. 세계 경제 시대에 국가가 진정 부강해지길 원한다면 국민 절반의 능력을 단순히 무시할 수는 없습니다."라고 말했습니다.

소녀 한 명에게 투자하는 일은 그 소녀뿐만 아니라 소녀의 자녀, 이어서 그 자녀의 자녀에게도 영향을 줍니다. 이것을 '파급효과'라고 합니다. 여성이 가정의 소득을 관리하면 가족과 지역사회에 투자할 확률이 남성보다 훨씬 더 높다고 합니다. 이렇게 되면 국가 경제와 국민 전체 건강 수준이 크게 향상됩니다.

이제부터 전할 내용은 자신들이 처한 상황에서 벗어나 교육받은 소녀들의 이야기입니다. 이 이야기는 수백만 명에게 희망을 줍니다. 그러나 소녀들에게는 늘 위험이 도사립니다. 빈곤에 허덕이는 소녀를 헤어 나오지 못할 절망에 빠뜨리는 위험 요인이 많습니다. 이런 함정을 뛰어넘는 열쇠가 바로 교육입니다.

소녀를 교육하는 일은 우리가 지닌 단 하나의 가장 강력한 도구로서, 전 세계를 더 안전하게, 더 건강하게, 더 살기 좋은 곳으로 만듭니다.

결혼과 출산 시기가
늦춰질 것입니다.

사실

7년 교육받은 소녀는
결혼이 4년 늦고
자녀를 2.2명 더
적게 낳습니다.*

영아 사망률이
더 줄어들
것입니다.

사실

만 19세 이상 산모의 아기는
만 18세 미만 산모의 아기보다
돌 전 사망률이 60% 낮습니다.**

소녀가
**교육을
받으면**

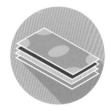

더 나은 직업을
구할 것입니다.

사실

소녀의 미래 소득은 초등교육을
1년 더 받으면 10~20%,
중등교육을 1년 더 받으면 15~25%
증가할 것으로 예상합니다.***

더 건강하게,
더 오래 살
것입니다.

사실

만 20~24세 산모는
만 10~14세 산모보다
임신·출산 중 사망률이
다섯 배 낮습니다.****

소녀 교육의 장벽은 많습니다. 그러나 이를 극복한 소녀 이야기도 많습니다. 지금부터 소개하는 소녀들의 이야기는 거대한 빙산의 일부일 뿐입니다. 교육받은 소녀와 교육을 열망하는 소녀가 겪는 일은 우리 세상의 이야기가 어떻게 흘러갈지, 세상이 어떻게 바뀔지, 혹은 바뀌지 않을지 결정할 것입니다.

 이 소녀들을 만나 봅시다. 그러고 나면 우리는 세상을 변화시키는 소녀의 힘을 확실히 이해할 것입니다.

---

* 「여성 청소년 보고서」, 글로벌개발센터, 2009.
** 「왜 새천년 개발 목표 5 달성에 청소년들이 중요한가?」, 세계보건기구, 2008.
*** 「교육 투자 수익」, 세계은행, 2002.
**** 「라틴 아메리카와 카리브해 지역의 여성 지도자는 산모 사망률 감소를 위해 새로운 동맹을 모색한다」, 유엔인구기금, 2010.

모든 소녀의 이야기

페루에 사는 자밀레스는 큐브 맞추기 선수입니다.

인도에 사는 닐람은 간호사가 되고 싶습니다.

아이티에 사는 네란데는 친구들의 고민을 잘 들어 줍니다.

시에라리온에 사는 세라는 호기심이 많습니다.

네팔에 사는 시타는 어린 동생을 잘 돌봅니다.

인도에 사는 나즈마는 유령 이야기를 좋아합니다.

시에라리온에 사는 프리실라는
셰익스피어의 작품을 잘 이해합니다.

페루에 사는 클라리타는 작문상을 받았습니다.

우간다에 사는 리디아는 할머니와 함께 지냅니다.

아이티에 사는 웬제는 농구를 좋아합니다.

이집트에 사는 호다는 교사가 되고 싶습니다.

인도에 사는 룩사나는
그림 그리기를 좋아합니다.

시에라리온에 사는 엠발루는
패션 감각이 뛰어납니다.

에티오피아에 사는 반치아예후는
오빠와 사이가 좋습니다.

캄보디아에 사는 소팻은
어머니에게 책 읽어 주기를 좋아합니다.

네팔에 사는 아샤는
더할 수 없이 용감합니다.

캄보디아에 사는 소카는
춤으로 마음을 표현합니다.

에티오피아에 사는 아즈메라는
재미있고 수줍음이 많습니다.

이집트에 사는 야스민은
유머 감각이 뛰어납니다

페루에 사는 세나는
시 낭송을 잘합니다.

시에라리온에 사는 마리아마는
라디오 프로그램을 진행합니다.

아이티에 사는 와들리가
가장 좋아하는 인형의 이름은
'애슐리'입니다.

네팔에 사는 수마는
맑고 힘 있는 목소리로 노래합니다.

2부

소녀 이야기

물을 길어 나르는 에티오피아 소녀들

이제 '왜' 소녀 교육이 중요한지 알 것입니다. 그렇습니다. 소녀 교육은 소년 교육만큼이나 중요합니다. 그러나 전 세계에는 소녀만이 직면하는 여러 교육 장벽이 있습니다. 그래서 소녀는 소년보다 교육을 훨씬 더 적게 받습니다. 그렇다면 소녀가 맞닥뜨리는 교육 장벽은 무엇일까요? 이 문제의 근본적인 원인은 성차별과 빈곤일까요?

성차별은 여성인 소녀가 남성인 소년과 동등한 가치가 있음을 인정하지 않을 때에 발생합니다. 그렇게 되면 여성인 소녀는, 남성인 소년이 누리는 권리와 기회를 동등하게 갖지 못하고 불평등한 대우를 받습니다. 성차별은 여러 양상으로 나타나며 어떤 경우는 명백하

"책을 들고 학교에 가는 다른 아이들을 보면 마음속에 불꽃이 일었어요."

이집트의 **호다**

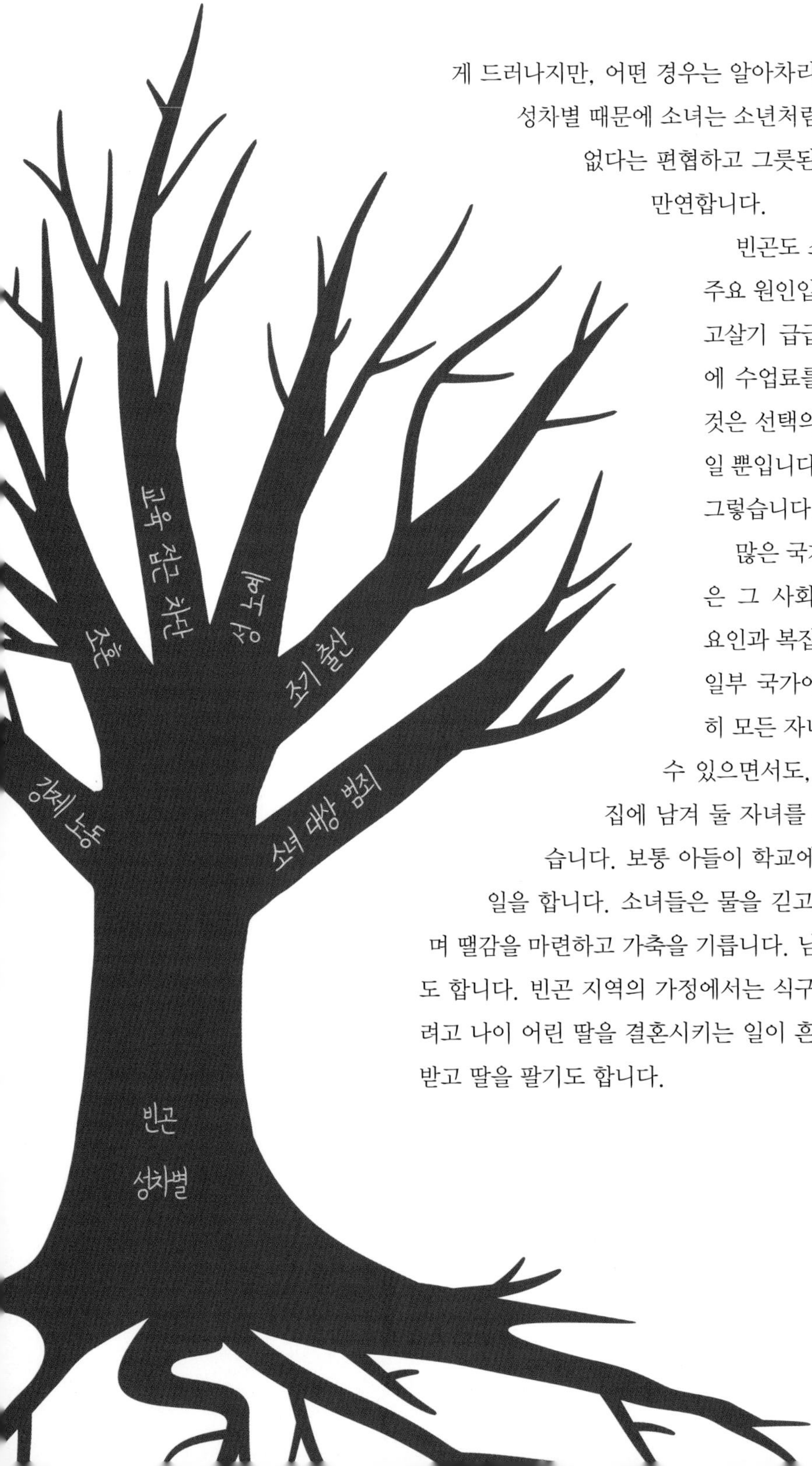

게 드러나지만, 어떤 경우는 알아차리기가 쉽지 않습니다. 성차별 때문에 소녀는 소년처럼 학교에 다닐 필요가 없다는 편협하고 그릇된 의식이 교육 분야에 만연합니다.

빈곤도 소녀 교육을 방해하는 주요 원인입니다. 너무 가난해 먹고살기 급급한 사람들에게 학교에 수업료를 내고 교육받는다는 것은 선택의 문제가 아니라 사치일 뿐입니다. 소녀에게는 특히 더 그렇습니다.

많은 국가에서 성차별과 빈곤은 그 사회의 문화·종교·경제 요인과 복잡하게 얽혀 있습니다. 일부 국가에서는 부모님이 충분히 모든 자녀의 교육비를 지원할 수 있으면서도, 학교에 보내지 않고 집에 남겨 둘 자녀를 선별한 것일 수도 있습니다. 보통 아들이 학교에 다니고 딸은 집에서 일을 합니다. 소녀들은 물을 긷고 어린 동생들을 돌보며 땔감을 마련하고 가축을 기릅니다. 남의 집에 가서 일하기도 합니다. 빈곤 지역의 가정에서는 식구를 한 명이라도 줄이려고 나이 어린 딸을 결혼시키는 일이 흔합니다. 심지어 돈을 받고 딸을 팔기도 합니다.

조혼

원치 않은 임신

조기 출산

소녀 대상 범죄

가혹한 노동

빈곤

성차별

소녀 교육의 장벽을 살피다 보면, 많은 요인이 서로 중첩됨을 알 수 있을 것입니다. 그러나 교육에서 소외된 전 세계 수많은 소녀가 이 장벽을 뛰어넘고 있습니다.

"가족들은 내가 일하기를 바라고 학비도 너무 비쌌어요. 마음이 아팠어요."

이집트의 **두아**

네팔의 소녀 **수마**

강제 노동,
현대판 노예로 살다

어디든 노예제는 불법이지만,
어디나 노예제는 존재합니다.

여전히 존재하는 노예제

'노예제'라는 말을 들으면 1400년대 포르투갈 무역상들이 최초로 서아프리카에서 유럽으로 노예를 데려온 일이나, 1600년대 미국 매사추세츠주가 영국 식민지 중 최초로 제도로 합법화한 사실이 떠오를 것입니다. 그러나 인류 역사에서 노예제는 그보다 훨씬 오래전부터 존재했습니다. 기원전 6800년 인류 최초로 도시 국가를 성립한 메소포타미아 지역에서는 전쟁 포로를 노예로 삼았습니다. 1700년대 이후에야 일부 서구권에서 노예제 폐지를 위해 애썼습니다. 노예제 폐지론자들의 노력으로 큰 진전이 있었지만, 노예제는 여전히 존재할 뿐만 아니라, 오히려 점점 늘고 있습니다. 노예제는 절대 과거에만 존재하던 제도가 아닙니다.

오늘날 노예제 피해자는 2000만 명이 넘습니다. 인류 역사상 노예로 살아가는 사람이 가장 많은 시기입니다. 왜 이런 일이 벌어질까요? 그 원인 중 하나로 현재 그 어느 때보다 많

보호소에 안전하게 머물며 〈걸 라이징〉 제작진과 인터뷰한
인신매매 피해 생존자 마릴루

은 세계 인구를 꼽습니다. 지구의 한정된 자원으로 감당할 수 있는 규모보다 더 많은 사람이 삽니다. 이 때문에 빈곤이 생기고, 빈곤한 사람은 약자가 되며 착취당합니다. 빈곤한 사람은 노예가 되는 것밖에 달리 생존 방법이 없을 정도로 절망스러운 처지에 놓여 있습니다. 전 세계 어디든 노예제는 불법이지만 많은 국가에서 법을 집행할 수 없거나, 하지 않습니다.

현대에 와서는 노예 거래를 '인신매매'라고 부릅니다. 인신매매 피해자 대부분은 노동 노예나 성 노예로 거래됩니다. 현대판 노예제를 담보 노동, 강제 노동, 레스타벡, 캄라리 등 다양하게 부르지만, 어떻게 부르든 의미는 같습니다. 이 노예제의 피해자는 자신의 의사와 상관없이 강제로 일해야 합니다. 때로는 적은 돈을 받기도 하고, 때로는 단지 생필품을 받는 대가로 일합니다.

어디서나 아동은 취약한 상황에 놓입니다. 노예가 된 사람의 33%는 만 18세 미만의 아동입니다. 그리고 아동 노예 세 명 중 두 명은 소녀입니다. 미국 로체스터 공과대학의 인신매매 분석 전문가 벤저민 로런스(Benjamin Lawrance) 교수는 "아동 노예제는 언제, 어디서나 있었다."라고 했습니다. 로런스 교수는 특히 아프리카 지역을 지목했지만, 세계 곳곳에서 아동 인신매매가 발생하고 있습니다.

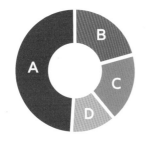

**인신매매 피해자의
성별 및 연령별 분포***

A. 여성: 49%   C. 남성: 18%
B. 소녀: 21%   D. 소년: 12%

**인신매매 피해자의
착취 형태****

A. 강제 노동: 40%
B. 성 노예: 53%
C. 기타: 7%

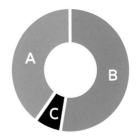

* 『인신매매에 관한 세계 보고서』, 유엔마약범죄사무소(UNODC: United Nations Office on Drugs and Crime), 2014, 5쪽.
** 『인신매매에 관한 세계 보고서』, 유엔마약범죄사무소(UNODC: United Nations Office on Drugs and Crime), 2014, 9쪽.

인도의 **라니**

어두운 세상

라니는 열여덟 살 때 〈걸 라이징〉 제작진과 인터뷰를 했습니다. 라니의 인터뷰 영상은 독특합니다. 카메라가 검은 머리를 단정하게 뒤로 모아 머리핀으로 고정한 한 소녀의 뒷모습만 비춥니다. 이렇게 정체가 드러나지 않도록 촬영한 덕분에 라니는 두려움 없이 자유롭게 자신의 이야기를 할 수 있었습니다. '라니'라는 이름도 진짜 이름이 아닙니다.

〈걸 라이징〉의 마사 애덤스 프로듀서는 라니와 인터뷰하면서 '재미있고 생기발랄하며 방안을 환하게 밝히는 소녀'라고 기록했습니다. 그러나 라니는 오랫동안 어두운 세상에 살던 소녀였습니다. 라니가 여덟 살 때, 라니의 부모님은 라니를 남의 집 하녀로 팔아 버렸습니다. 열 살 때 또다시 팔리는 신세가 되어, 이번에는 매춘부로 5년 동안 일했습니다. 몇 번이나 도망치다 붙잡혀 끔찍한 벌을 받았습니다. 마침내 간신히 탈출한 라니는 인신매매 근절을 위해 활동하는 NGO(Non-Governmental Organization: 이윤을 추구하기 위해 활동하지 않고 어느 정부와도 관련이 없는 단체)인 프레라나(Prerana)의 보호를 받을 수 있었습니다.

처음 프레라나에서 지낼 때 라니는 그동안 겪은 일로 상처가 깊어 아무도 믿지 않았습니다. 불같이 화를 내고 함께 지내는 사람들과 다투기도 했습니다. 그러나 차츰 사람들에게 마음의 문을 열었습니다. 상담을 받으며 컴퓨터 사용법과 글을 배우고, 호텔과 연계한 연수 프로그램에 참여했습니다.

라니는 머리가 좋아서 학습 진도가 빨랐습니다. 프레라나에 처음 왔을 때는 글을 전혀 몰랐지만, 6개월도 지나지 않아 영어와 인도어를 모두 익혀 신문을 읽을 수 있었습니다. 동생들에게 인도어를 가르치기도 했습니다. 이렇게 프레라나에서 생활한 지 3년이 지났을 때 라니와 마사 프로듀서가 만나 인터뷰를 한 것입니다.

그 당시 라니는 생기 넘치고 수다스러웠습니다. 활기차고 강인했습니다. 끔찍한 상황을 겪었을지라도 상처 치유 프로그램의 도움을 받으면 누구나 라니와 같은 회복력을 발휘할 수 있습니다.

아이티의 **웬제**

공짜로 살림하는 소녀

웬제는 아이티에 삽니다. 아홉 살 때 CAD(Centre of Action for Development: 개발행동센터)에서 마사 애덤스 프로듀서를 만났습니다. CAD는 거리의 부랑아와 고아를 돕는 단체입니다. 2010년 아이티에서 발생한 지진 때문에 웬제는 부모님을 모두 잃고 홀로 남았습니다. 이 끔찍한 재해로 수많은 사람이 가족을 잃거나 혼란스러운 상황에서 뿔뿔이 흩어져 서로 찾지 못했습니다.

한 남자가 고아가 된 웬제를 데려다가 집안일을 시켰습니다. 웬제는 일주일에 6일을 일하며 학교도 가지 못했습니다. 1년쯤 지난 어느 날, 이 남자는 법적 후견인 신청을 한다며 웬제를 데리고 경찰서에 갔습니다. 그러나 웬제는 경찰에게 이 남자의 집에서 지내고 싶지 않다고 말했고, 지금은 CAD에 머물며 다시 행복하게 학교에 다니게 되었습니다. 웬제는 착한 학생이며 농구를 좋아합니다.

아이티에서는 형편이 너무 어려워 아이를 제대로 양육할 수 없는 경우, 부모님은 자녀 중 일부(주로 딸)를 남의 집으로 보냅니다. 그 집에서 아이는 돈을 받지 않고 하인으로 일하며 지냅니다. 이런 아이를 '레스타벡(restavék)'이라고 하는데, 아이티 원주민 언어인 크리올 말로 '함께 살다'라는 뜻입니다. 고아 또한 레스타벡이 되기 쉽습니다. 간혹 레스타벡도 제대로 대우를 받고 학교에 다니기도 합니다. 그러나 대부분은 하루에 10~14시간씩 일하며 영양실조와 학대로 고통을 받습니다.

유엔의 한 직원은 "수많은 레스타벡이 거의 짐승 취급을 받는다. 레스타벡은 2등 시민이며 어린 노예다. 먹을 것만 좀 주면 레스타벡은 공짜로 집을 깨끗이 치운다."라고 했습니다. 만 15세 미만의 사람을 고용하는 것이 불법이듯 아이티에서 아동 노예제는 불법이지만, 레스타벡은 계속 늘고 있습니다. 다섯 살짜리 레스타벡도 있습니다. 아이티에는 레스타벡이 15만~50만 명 정도 늘 있으며, 레스타벡의 3분의 2는 소녀입니다.

2013년 작가이자 사회 운동가 니컬러스 크리스토프(Nicholas Kristof)는 레스타벡을 인터뷰하려고 구호단체인 레스타벡 프리덤(Restavék Freedom)의 도움을 받아 아이티를 방문했습니다. 크리스토프는 남의 집에서 강제 노동을 하는 열세 살 소녀 마릴린을 만났습니다. 일하는 집에서 도망치려 하면 마릴린은 매를 맞았습니다. 크리스토프가 만난 또 다른 열두 살 소녀는 새벽 4시부터 밤늦게까지 일하면서 새로운 '가족'에게 신체적으로 학대를 받았습니다. 다른 기자들도 이와 비슷한 상황을 견디는 레스타벡을 만났습니다. 레스타벡은 땔감을 마련하고, 물을 긷고, 식사를 준비하고, 청소를 하며 이른 아침부터 밤늦게까지 일해야 합니다. 그렇게 힘든 일을 모두 끝낸 후에야 때때로 주인이 먹고 남은 음식을 먹습니다. 주인

2010년 아이티에서 발생한 지진으로 집을 잃은
수십만 명이 생활한 텐트촌

은 레스타벡의 부모에게 노동의 대가로 아이를 잠깐이라도 학교에 보내겠다고 했지만 약속을 지키지 않습니다.

어떻게 이런 일이 벌어지는지 이해하기 어려울 수도 있습니다. 그러나 빈곤한 사람의 처지에서 이해하려고 노력하다 보면 공감할 수 있습니다. 미국 마이애미 대학교의 아서 푸르니에(Arthur Fournier) 박사는 15년 동안 아이티에서 보건 활동을 하며 일부 가정에서 왜 자녀를 레스타벡으로 보내는지 지켜봐 왔습니다. 푸르니에 박사는 "부모가 나쁜 사람이라서 그런 것이 아니다. 생존을 위한 어쩔 수 없는 선택이다."라고 했습니다.

주인이 마음대로 할 수 있는 캄라리

네팔 남서부 지역에 사는 타루족은 수 세대에 걸쳐 '캄라리(Kamlari)'라는 일종의 담보 노동 관습을 따랐습니다. 캄라리가 되는 소년도 있긴 하지만 대부분이 소녀입니다. 매년 1월, 타루족은 겨울이 끝나고 새해가 시작되는 것을 축하하는 '마게 축제'를 엽니다. 부족 전통에 따라 마을에서는 새 지도자를 뽑고, 각 가정에서는 갖가지 전통 음식을 만들어 먹으며 축제를 기념합니다. 또한 가족이 다 함께 모여 지난해 잘못한 일을 반성하고 새해에 책임져야 할 일을 서로 배분하면서 한 해 계획을 점검합니다. 이러한 가운데 어떤 가정은 분위기가 매우 어둡습니다. 소녀들을 거래하려고 캄라리 중개인이 마게 축제에 온다는 사실을 알고, 딸을 어느 집의 캄라리로 보낼지 논의하기 때문입니다. 보통 캄라리 계약에는 아주 적은 돈이 오갑니다. 가족이 생존하는 데에 필요한 최소한의 돈입니다. 어떤 부모님은 단지 자녀에게 필요한 음식과 옷을 받는 대가로 계약을 맺습니다. 캄라리가 되면 집에서 수백 킬로미터 떨어진 주인집으로 보내져서 가족을 1년에 한두 번 만나거나, 혹은 전혀 만나지 못할 수도 있습니다. 2000년 이후 캄라리 계약은 불법이 됐지만, 여전히 매년 수천 명의 소녀가 캄라리가 됩니다.

주인은 캄라리를 마음대로 할 수 있습니다. 캄라리에게 함부로 힘을 휘두를 수 있고, 자주 가혹하게 대합니다. 캄라리는 하루 종일 일하면서 정신적·신체적·성적 학대를 받습니다. 거의 모든 캄라리 소녀는 1년만 지나면 집으로 돌아갈 수 있다고 생각하지만, 대부분은 그렇지 못합니다. 다행히 집에 돌아오더라도, 같은 악몽이 되풀이되어 새 주인이 사거나 그냥 데려갈 수도 있습니다.

만지타의 아버지는 25달러를 받고 아홉 살 난 딸을 캄라리로 팔았습니다. 만지타는 집에서 100여 킬로미터 떨어진 곳으로 보내졌습니다. 만지타의 여동생 역시 캄라리가 되었습니다. 만지타의 부모님은 두 자녀를 양육할 형편이 되지 않았습니다. 만지타는 새벽부터 밤늦게까지 경찰관인 주인과 주인의 친척을 위해 청소와 설거지를 하고, 식사를 준비했습니다. 일을 제대로 하지 못하면, 안주인이 냄비와 프라이팬으로 때렸습니다. 만지타는 "너무 무서워서 그 사람들 앞에서는 울지도 못했어요."라며 그때를 떠올렸습니다.

만지타가 이러한 생활을 3년이나 견디고 열두 살이 되었을 때, NYF(Nepal Youth Foundation: 네팔청소년재단)가 나섰습니다. 2000년 NYF는 캄라리 관습의 실상을 알고 이 관습의 심각성을 사람들에게 알리고 교육하는 캠페인을 펼쳤습니다. 또한 캄라리 소녀들을 구할 방법을 찾기 시작했습니다. 만지타 자매의 경우, 교육비를 지원하고 상담과 직업훈련을 제공해 캄라리 시절에 겪은 상처를 회복하도록 도왔습니다. 그리고 두 딸에게 자유를 줘야 한다며 만지타의 아버지를 설득했습니다. 이후 NYF는 1만 2000여 명의 소녀를 캄라리 생활에서 구했습니다.

과거 캄라리였던 네팔의 소녀들

네팔의 **아샤**

엄청난 회복력

〈걸 라이징〉제작진은 NYF와 '룸 투 리드(Room to Read)'의 도움으로 과거 캄라리였던 소녀들을 만났습니다. 룸 투 리드는 처음 네팔에서 활동을 시작해 현재는 다양한 국가에서 양성 평등과 문맹 퇴치 운동을 펼치는 구호단체입니다. 리처드 로빈스 감독은 네팔 소녀들을 인터뷰하면서 "여덟, 아홉 살 난 아이를 가족과 떨어뜨려 놓고 노예로 살게 하는 현실을 받아들이기 쉽지 않다. 하지만 이 아이들은 견디기 힘든 상황 속에서도 에너지와 희망이 넘치고 엄청난 회복력을 지녔다."라고 현장 노트에 기록했습니다.

아샤는 리처드 로빈스 감독과 마사 애덤스 프로듀서가 인터뷰한 소녀였습니다. 캄라리 생활에서 벗어난 지 3년이 지났지만 여전히 그 당시 겪은 일을 입 밖으로 꺼내기 힘들어 했습니다. 크게 숨을 내쉬고 눈물을 훔치며 지난 시절을 제대로 설명할 말을 찾느라 몇 번이고 이야기를 멈췄습니다.

아샤는 열두 살에 집에서 멀리 떨어진 네팔의 수도 카트만두로 보내졌습니다. 매일 지쳐 쓰러질 때까지 일하고, 신체적으로 학대를 받았습니다. 1년 뒤 집에 다녀올 날만을 손꼽아 기다리며 힘든 생활을 견뎠지만 주인은 집에 보내 주겠다는 약속을 지키지 않았습니다. 부모님을 만나게 해 달라고 간절히 빌었지만 허락하지 않았습니다. 결국, 아샤는 대담한 결심을 했습니다. 가진 돈은 100루피(약 2000원)뿐이었지만, 과감히 주인집에서 도망쳤습니다. 그리고 간신히 고향으로 돌아가는 길을 찾았습니다.

마침내 아샤는 집으로 돌아와 자유를 되찾았습니다. 그러나 아샤의 부모님은 딸에게 주인집에서 도망쳤다며 화를 냈습니다. 또 아샤 대신 공부에 관심도 없는 아들을 학교에 보내려 했습니다.

결국 아샤는 룸 투 리드의 지원으로 학교에 다녔습니다. 리처드 감독과 마사 프로듀서와 인터뷰할 당시, 아샤는 8학년(우리나라 학제로 중학교 2학년—옮긴이)으로 생활 기술 수업을 듣던 중이었습니다. 리처드 감독과 마사 프로듀서는 인터뷰에 응한 모든 소녀에게 "비행기로 세계 어디든 갈 수 있다면 어디로 가고 싶은가요?"라고 똑같은 질문을 하나 했습니다. 아샤에게도 물론 이 질문을 던졌습니다.

아샤의 대답에 리처드 감독은 잠시 당황했습니다. 감독은 그때의 일을 이렇게 기록했습니다. "상상의 비행기 얘기를 하자, 아샤는 앉아서 오랫동안 생각에 잠겼다. 한참 뒤, 아샤는 '교육으로 갈 것'이라고 말했다. 아샤가 내 질문을 오해했다고 생각했다. 아샤가 그렇게 멋진 은유를 할 수 있다고 생각하지 못한 것이다. 하지만 내가 틀렸다. 아샤는 자신이 무슨 말을 하는지 정확히 알았다."

그런 가혹한 시련을 겪고도 어떻게 이렇게 맑고 굳건할 수 있을까요? 캄라리와 같은 관습이 몇 대에 걸쳐 뿌리내리면, 사람들은 여기에서 벗어나 다른 삶을 꿈꾸기 어렵습니다. 그러나 다행히 아샤는 룸 투 리드 사회복지사의 도움으로 더 나은 미래를 그릴 수 있었습니다. 아샤는 사회복지사가 되어 어려운 상황에 처한 아이들을 위해 일하는 꿈을 꾸고 있습니다.

공부 중인 아샤

네팔의 **시타**

선택의 여지가 없는 결정

〈걸 라이징〉 제작진은 룸 투 리드의 도움으로 시타도 만났습니다. 인터뷰 당시 스무 살이던 시타는 어릴 적 3년 정도 학교에 다니다, 열 살에 캄라리가 되었습니다. 시타는 성실한 학생이었습니다. 네팔 국민 중 700만 명이 문맹인 것과는 달리 시타는 글을 알았습니다. 시타는 부드러운 목소리로 또렷하게 말했습니다.

집에서는 시타의 교육을 당연하게 생각했습니다. 시타 역시 자신이 캄라리가 될 것이라고 생각해 본 적이 없었습니다. 그러나 시타의 가족은 너무 가난해서 거의 굶어 죽을 지경에 이르렀습니다. 시타는 어린 동생들이 배고파서 울던 일을 기억합니다. 시타가 열 살이 됐을 때, 시타의 부모님에게는 다른 방법이 없었습니다. 어릴 적 캄라리였던 시타 어머니는 가슴이 무너졌습니다. 시타가 떠나기 전날, 딸을 끌어안고 밤새 울었습니다.

아침이 되었습니다. 학교에 시험이 있는 날이었습니다. 그러나 시타는 학교 대신 주인집으로 향했습니다. 처음 가 본 마을에 아는 사람은 한 명도 없었습니다. 주인은 시타를 가둬 놓고 집 밖으로 나가지 못하게 했습니다. 시타는 매일 새벽 4시부터 밤 10시까지 일하고 하루에 두 끼만 먹었습니다. 시타가 일한 대가로 시타의 가족은 농사를 지었습니다. 땅은 시타의 주인집 소유였습니다. 1년에 딱 한 번, 마게 축제 때 시타는 집에 돌아와 가족을 만날 수 있었습니다. 잠깐 가족을 만나고 주인집으로 돌아가는 길은 언제나 고통스러웠습니다.

이후, 몇몇 다른 주인집을 거쳐 시타가 집으로 돌아오는 데까지 4년이 걸렸습니다. 룸 투 리드와 또 다른 NGO인 FNC(Friends of Needy Children: 도움이 필요한 아이들의 친구라는 뜻)의 도움으로 시타는 다시 학교에 다닐 수 있었습니다. 두 단체는 12학년(우리나라 학제로 고등학교 3학년-옮긴이)까지 시타의 학비를 지원했습니다.

네팔의 **수마**

재수 없는 계집애

수마는 네팔 타루족 소녀입니다. 수마의 7남매 중 한 명 빼고는 모두 캄라리 생활을 했습니다. 수마의 부모님도 어릴 때 캄라리였습니다.

수마는 주인집에서 겪은 일을 떠올리며 "목줄에 묶인 개와 비슷해요. 주인에게 붙잡힌 거고 벗어날 수 없어요. 캄라리는 노예나 다름없어요."라고 말합니다.

수마는 여섯 살에 캄라리가 되었습니다. 수마의 부모님은 돈 대신 수마가 주인집에서 의식주를 해결하는 조건으로 캄라리 계약을 했습니다. 주인이 데리러 왔을 때, 수마는 너무 어려서 무슨 일이 일어나는지, 자신이 어디로 가는지 몰랐습니다.

수마는 주인집에 도착하고 나서도 무슨 영문인지 몰라 현관문 앞에 기대어 앉았습니다. 그런데 별안간 안주인이 나타나 게으름 피우지 말라며 소리를 질렀습니다. 그러고는 일을 하라며 몰아세웠습니다. 캄라리로 지낸 첫해, 수마는 새벽 4시에 일어나 청소를 하고 주인집 아이들을 돌보았습니다. (그 당시 수마도 고작 여섯 살이었습니다.) 바구니를 들고 나가 염소와 물소 먹이로 쓸 풀을 베어 담고, 식사 준비와 설거지를 하고, 다시 아이들을 돌보며 밤 9시까지 일했습니다.

이후 다시 두 군데 다른 주인집으로 보내졌는데, 거기서도 해가 떠서 질 때까지 온갖 허드렛일을 했습니다. 젖소와 염소 우리 청소뿐만 아니라 혼자 산에 가서 나무를 해 와야 했습니다.

첫 번째 주인집 사람들은 수마를 매정하게 대했습니다. 두 번째 주인집은 더 심했습니다. 그곳 안주인은 수마를 이름 대신 '재수 없는 계집애'라고 불렀습니다. 수마는 그때를 떠올리며 "그 사람들은 나를 염소 우리에 재웠어요. 내게 누더기 옷을 입히고 자기들이 먹다 남은 걸 먹였어요."라고 전합니다. 심지어 수마는 매를 맞기도 했습니다. "그 사람들은 나를 짐승 다루듯 했어요."

수마 스스로 자세히 밝히기 어려운 더 심한 학대도 받았습니다. 영화 제작진이 캄라리 생활이 어땠는지 묻자, 수마는 "주인은 캄라리를 자기 마음대로 해도 된다고 생각해요. 그래서 캄라리를 강간하는 일도 자주 있어요. '너를 아내로 삼고 싶다.'라고 하면서 끔찍한 짓을 해요."라고 말했습니다.

거의 해피 엔딩

힘든 시절에 관한 질문에도 대답해 주는 수마의 용기와 강인함이 인상적이었습니다. 수마는 똑똑하고 말솜씨도 좋습니다. 수마의 표현 능력이 뛰어난 것은 모두 교육 덕분입니다.

세 번째 주인집에서 지내는 동안 수마는 처음으로 도움의 손길을 받았습니다. 그 집 사람들은 수마에게 친절하고, 음식과 옷도 잘 챙겨 주었습니다. 그리고 세 번째 주인집에 하숙하던 비말 시르라는 교사가 주인을 설득해서 수마가 야간 학교에 다닐 수 있도록 도와주었습니다. 야간 학교는 사회복지사가 운영했는데 특히 캄라리를 위한 곳이었습니다. 캄라리 소녀들은 하루 일을 마치고 야간 학교에 모여 글을 배웠습니다. 그러면서 자신들의 캄라리 생활을 이야기했습니다. 소녀들은 캄라리가 노예와 비슷하다는 사실을 깨달았습니다. 그때 수마는 열두 살이었습니다. 무려 6년이나 캄라리로 살았습니다.

비말 시르 교사는 글을 완벽하게 익힌 수마를 자신이 근무하는 학교 학생으로 등록하고, 책을 가져다주었습니다. 수마는 하루 일을 모두 마친 뒤 공부를 했습니다. 비록 낮에 학교에 가지 못하지만 자신의 상황에 맞게 공부하고 시험을 보았습니다. 수마는 학습 진도가 빨랐습니다.

한편, 야간 학교의 사회복지사들은 캄라리 정보를 모으느라 몹시 바빴습니다. 캄라리 소녀를 집으로 돌려보내기 위해 필요한 일이었습니다. 집집마다, 마을마다 돌아다니며 캄라리가 있는지 묻고 이름을 기록했습니다. 이후 일어난 일을 수마는 이렇게 전합니다. "어느 날, 시타 디디라는 사회복지사가 내 주인을 찾아와 나 같은 캄라리를 집에 두는 건 불법이라고 말했어요. 시타 디디는 교육받은 사람답게 정말 자신 있게 말했어요. 노예 금지법과 아동 권리법, 노동법, 가정 폭력 금지법, 인신매매 금지법도 얘기했어요. 그러면서 나를 집으로 돌려보내라고 했어요. 주인은 한 번 맺은 캄라리 계약은 깨지 못한다며 거부했어요. 하지만 시타 디디는 포기하지 않았어요. 주인과 계속 논쟁해서 결국 이겼어요. 난 집으로 돌아왔어요."

거의 해피 엔딩이었습니다. 그러나 주인이 수마의 집에 몇 번 다녀가더니 수마를 도로

〈걸 라이징〉에서 하루 일을 마치고 글을 배우는 캄라리 소녀들을 묘사한 장면

데려갔습니다. 수마의 부모님은 주인에게 항의하지 않았습니다. 수마는 "부모님에게 맞서고 싶었어요. 남자 형제들처럼 집에서 지내며 학교에 다닐 거라고 말하고 싶었어요. 하지만 부모님이 얼마나 고통받았는지 생각하니까, 사랑하는 가족이니까, 마음이 약해져서 싸우지 못했어요."라고 말했습니다.

그러나 수마를 대신해 시타 디디가 싸웠습니다. 시타 디디는 수마의 주인집에 다시 찾아가 계속 논쟁을 벌였습니다. 이제 수마의 부모님도 시타 디디 편에 서서, 수마가 집에서 지낼 수 있는 방법을 찾기로 했습니다. 수마는 곧 룸 투 리드가 운영하는 소녀 교육 지원 프로그램의 장학금을 받아 일반 학교에 입학했습니다. 수마는 학교에 다니면서 생긴 삶의 변화에 고마움을 느끼며 이 시간을 잠시도 낭비하지 않습니다. "선생님들이 다 좋아요. 선생님이 가르쳐 주는 건 모두 정말 재미있어요. 수업을 다 듣고 방과 후 활동도 해요. 퀴즈 대회와 토론도 참여하고요. 심지어 축구도 해요."

고통받는 다른 캄라리 소녀들을 위해

수마는 교육의 힘을 무척이나 잘 이해합니다. "교육은 우리를 눈뜨게 해요. 교육받기 전까진 아무것도 모르죠. 어디로 가야 할지도요. 꼭 직업 때문이 아니라, 교육은 우리 자신을 위한 거예요. 다른 사람이 절대 가져가지 못해요. 교육은 늘 우리 곁에 있어요."

수마는 자신과 같은 행운을 누리지 못한 캄라리 소녀들을 돕기 시작했습니다. "나라에서는 캄라리를 모두 해방했다고 말하지만, 여전히 나와 같은 친구 수천 명이 고통받고 있어요." 시타 디디가 그랬듯이 수마도 다른 사람들을 도왔습니다. 수마는 "여성의 권리를 위해 활동하는 단체에서 일하고 싶어요. 여성이 겪는 부당함을 알리고 싶어요. 고통받는 다른 캄라리 소녀들을 구해야 해요. 내가 도움받은 방식으로 다른 소녀들도 도와야 해요."라고 말합니다.

이러한 수마의 생각은 비슷한 상황에 놓인 수많은 소녀에게 퍼져 나갑니다. 이것이 진정한 파급효과입니다. 리처드 로빈스 감독은 네팔에서 과거 캄라리였던 소녀 20여 명을 인터뷰하고 난 뒤 "소녀들은 부모에게, 그리고 지역사회에 '세상이 달라진' 사실을 알려야 한다고 얘기했다. 소녀들은 교육의 중요성을 잘 아는 열정 가득한 사도이자 혁명가다. 소녀들의 어머니와 할머니, 어쩌면 지난 수 세대는 갖지 못한 기회가 왔다. 소녀들은 교육의 혜택을 늘리고 널리 퍼뜨리고 싶어한다."라고 현장 노트에 기록했습니다.

수마가 공연을 준비하는 모습

예술의 힘

수마의 노래

첫 인터뷰 당시, 마사 애덤스 프로듀서는 수마에게 노래를 좋아하는지 물었습니다. 수마는 대답 대신 노래를 부르기 시작했습니다. 영화 제작진은 네팔어를 몰라서 가사의 의미를 알지는 못했지만, 수마의 순수하고 맑은 목소리에 매료됐습니다. 노래가 끝나자, 마사 프로듀서는 자신이 여태껏 한 번도 들어 본 적 없는, 가장 아름다운 노래라며 감탄했습니다. 수마는 늘 노래를 부르며 힘든 상황을 견뎠다고 했습니다. 노래는 수마의 상황과 감정에 따라 달라졌습니다. "두 번째 주인집에서는 '먹을 것'을 노래했어요. 늘 배가 고팠거든요." 야간 학교에서는 자유에 관해 노래하는 법을 배웠습니다. 수마는 언어 실력이 늘면서 예전에는 몰랐던 새로운 방식으로 자신을 표현했습니다. 2008년 마지막 주인집에서 벗어난 뒤, 네팔 소녀들이 겪는 불행과 슬픔을 담은 노래를 만들었습니다. 이 노래를 마사 프로듀서에게 불러 준 것입니다. 수마가 가사의 의미를 전하며 말했습니다. "내가 직접 쓴 곡이에요. 나만을 위한 곡이 아니라 수천 명의 네팔 소녀를 위한 곡이에요."

2012년 3월, 〈걸 라이징〉 제작진은 수마를 미국 뉴욕으로 초청했습니다. 수마는 링컨 센터에서 열린 제3차 세계여성정상회의(Women in the World Summit) 참석자 수천 명에게 자신의 노래를 들려주었습니다. 세계여성정상회의는 현장의 이야기를 직접 듣고 전 세계 여성의 삶을 배우는 것이 목적인 행사입니다. 처음으로 네팔을 떠나 낯선 곳에 온 수마였지만, 용감하게 어두운 무대 위로 올랐습니다. 먼저, 수마가 네팔에서 마사 프로듀서에게 노래를 불러 주던 영상이 무대 위 커다란 화면에 재생됐습니다. 영상에 영어 자막이 제공되어 청중은 네팔어 가사의 의미를 이해하며 노래를 감상할 수 있었습니다. 이제 조명이 무대 위 수마를 비췄습니다. 수마는 링컨 센터의 청중을 향해 생생한 목소리로 노래했습니다. 청중은 수마의 노래에 집중했습니다. 수마가 마지막 소절을 끝내자, 청중은 열렬히 환호하며 박수를 보냈습니다.

수마의 노래

무정한 어머니, 아버지.
어머니, 아버지는 딸을 낳았어요.
어머니, 아버지는 딸을 낳았어요.

어머니, 당신은 딸이 고통받길 바랐나요?
아버지, 당신은 딸이 고통받길 바랐나요?

도대체 왜 딸을 낳았나요?
도대체 왜 딸을 낳았나요?

남자 형제들은 학교에서 공부하지만
불행한 나는 주인집에서 노예로 일해요.
불행한 나는 주인집에서 노예로 일해요.
안주인이 매일 학대하는 노예로 일해요.

매일 매 맞으며 힘들게 살아요.
매일 매 맞으며 힘들게 살아요.
무정한 어머니, 아버지.

어머니, 아버지는 딸을 낳았어요.
어머니, 아버지는 딸을 낳았어요.

미국 뉴욕에서 열린 세계여성정상회의에서
자신이 만든 노래로 공연한 수마

에티오피아의 **아세야**

조혼, 어린 신부로 팔려 가다

개발도상국에서 만 15~19세 소녀가
사망하는 가장 큰 원인은
질병이 아닙니다.

굶주림도, 전쟁도 아닙니다.

바로 출산입니다.

전 세계 조혼율[*]

만 18세 이전에 결혼하거나
만 20~24세에 초혼하는 여성 비율

50% 이상	36~50%
방글라데시, 부르키나파소, 중앙아프리카공화국, 차드, 기니, 말리, 니제르, 남수단	아프가니스탄, 브라질, 카메룬, 쿠바, 콩고민주공화국, 도미니카공화국, 에리트레아, 에티오피아, 감비아, 인도, 라이베리아, 마다가스카르, 말라위, 모잠비크, 네팔, 니카라과, 나이지리아, 시에라리온, 소말리아, 우간다, 탄자니아, 잠비아

 2% 미만이거나 유효 자료 없음

* 「세계아동현황」, 유니세프, 2015, 84~89쪽 표9 참고(http://uni.cf/1LJXTGu).

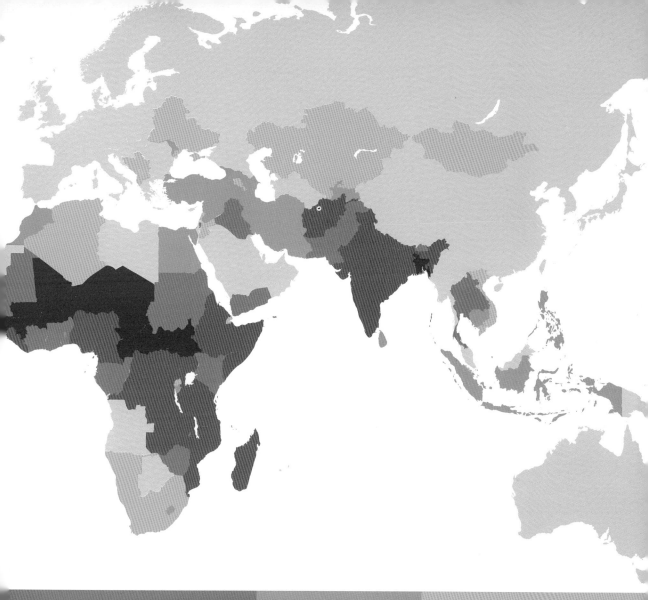

21~35%

벨리즈, 베냉, 부탄, 볼리비아, 콜롬비아,
코모로, 콩고, 코스타리카, 코트디부아르,
에콰도르, 엘살바도르, 적도기니, 가봉, 가나,
과테말라, 기니비사우, 가이아나, 온두라스,
이라크, 케냐, 라오스, 마셜제도, 모리타니,
멕시코, 나우루, 파키스탄, 상투메프린시페,
세네갈, 솔로몬제도, 팔레스타인, 수단, 태국,
토고, 바누아투, 예멘, 짐바브웨

11~20%

아제르바이잔, 부룬디,
카보베르데, 캄보디아,
이집트, 조지아, 아이티,
인도네시아, 이란, 키리바시,
레소토, 모로코, 파라과이,
페루, 필리핀, 몰도바공화국,
스리랑카, 수리남, 시리아,
타지키스탄, 동티모르, 터키

2~10%

알바니아, 알제리, 아르메니아, 벨라루스,
보스니아-헤르체고비나, 지부티, 자메이카,
요르단, 카자흐스탄, 키르기스, 레바논, 몰디브,
몽골, 몬테네그로, 나미비아, 르완다,
세인트루시아, 세르비아, 남아프리카공화국,
스와질란드, 마케도니아, 통가,
트리니다드-토바고, 튀니지, 투발루,
우크라이나, 우즈베키스탄, 베트남

강제 결혼의 위기에서 벗어나 지금은 학교에
다니는 아즈메라(왼쪽)

여러분은 어떤 미래를 꿈꾸나요? 어떤 직업을 갖고 싶나요? 혹은 가정을 꾸리길 원하나요? 결혼 전에 대학에 갈 생각인가요? 꿈을 이루고 난 뒤에 자녀를 낳을 계획인가요? 무엇보다 이런 결정에 관한 선택권은 '여러분'에게 있나요?

세계 도처에서 수백만 명의 소녀가 맞는 미래는 조혼입니다. 올해에도 만 18세 미만 소녀 1400만 명이 결혼할 것입니다. 오늘, 소녀 3만 8000명이 결혼했습니다. 30초마다 열세 명의 소녀가 결혼합니다.

향후 10년 동안 변화가 없다면, 소녀 1억 4000만 명이 어린 나이에 결혼할 것입니다. 주로 소녀에게 선택권이 없는 강제 결혼입니다.

대부분 국가에서 법으로 정한 결혼 가능 최소 연령은 만 18세입니다. 그러나 미국과 캐나다, 몇몇 유럽 국가 등 많은 국가에서 부모나 법원이 동의하면 예외를 허용합니다. 일부 개발도상국에서는 결혼 연령 제한 법을 준수하지 않거나 시행하지 않습니다. 2013년 7월 아프리카 서부, 대서양 연안에 있는 나이지리아는 헌법을 개정하는 과정에서 오히려 만 18세 미만 소녀의 결혼을 합법화했습니다. 조혼은 남아시아와 사하라사막 남쪽 아프리카 지역에서 가장 성행하지만, 사하라사막 북쪽 아프리카 국가를 포함한 전 세계에서 발생합니다. 법이 어떻든지 조혼은 보통 비밀리에 진행되며, 마지막 순간까지 신부에게 알리지 않습니다.

딸의 가격

아프리카 동부에 있는 케냐 서부의 한 마을, 한 10대 소녀가 곧 결혼합니다. 소녀는 결혼식 직전까지 아무런 얘기를 듣지 못한 탓에 도망치지도 못했습니다.

마을 남자들이 들이닥치자, 소녀는 발버둥치고 비명을 지르며 저항합니다. 그러나 소용 없습니다. 소녀의 아버지가 결혼을 약속했기 때문입니다. 결혼의 대가로 소녀의 가족은 얼마를 받았을까요? 염소 스무 마리와 암소 열 마리, 낙타 두 마리가 그 대가였습니다.

아프리카 중남부에 있는 잠비아의 한 소녀는 "부모님이 '더는 너를 책임질 일 없다.'라고 했어요. 어떤 사람이 부모님에게 신부 값을 치르는데, 나는 아무 말도 못했어요."라고 전했습니다. 소녀는 커서 간호사가 되고 싶었지만 지금은 결혼을 해 집안일을 하며 지냅니다. 소녀는 BBC의 놈사 마세코(Nomsa Maseko) 기자에게 "남편은 내가 더 공부하는 걸 허락하지 않을 거예요."라고 말했습니다. 소녀는 돈이 없으며 부모님이 자신을 다시 데리러 오는 일도 없다는 것을 잘 압니다. 소녀는 자신의 운명을 바꿀 힘이 거의 없습니다.

소녀가 결혼하는 순간, 삶은 갑자기 그리고 급격하게 변합니다. 아이의 삶은 끝나고 노동하는 삶이 시작됩니다. 보통 가족과 왕래가 끊기고 떨어져 지냅니다. 특히 남편이 소녀보다 훨씬 나이가 많을 경우, 가정 폭력을 당하기 쉽습니다. 조혼 때문에 거의 모든 소녀가 학교를 그만두거나 다닐 기회가 전혀 없습니다.

교육을 충분히 받지 못한 소녀는 빈곤하게 살 가능성이 큽니다. 글을 읽고 쓰지도, 자기 자신을 보살피지도, 더 나은 환경에서 자녀를 키우지도 못합니다.

그리고 일반적으로 조혼한 소녀는 출산을 많이 합니다. 이 점이 많은 개발도상국에서 조혼이 성행하는 큰 이유입니다. 개발도상국에서는 소녀의 가장 큰 가치를 출산 능력이라고 생각합니다. 조혼은 아이에게 아이를 낳으라고 하는 것입니다. 조혼 때문에 소녀는 건강을 해치고, 심지어 생명까지도 위험합니다. 너무 어린 나이의 성생활과 출산은 신체에 무리가 갑니다. 10대 소녀는 출산을 제대로 할 수 있을 정도로 신체가 발달한 상태가 아니기 때문에, 20대 여성보다 임신 사망률(산모 사망률)이 두 배나 높습니다.

교육은
삶을 바꾼다.

8년 동안 교육받은 소녀는
조혼할 가능성이
네 배 낮습니다.*

빈곤층 소녀는 부유층 소녀보다
만 18세 이전에 결혼할 가능성이
거의 두 배 높습니다.**

어머니가 글을 아는 경우,
자녀가 만 5세 넘게 생존할
가능성이 50%나 높습니다.***

* 「개발도상국 남녀의 초혼 시기 추세」, 「개발도상국의 성인기 전환」, 미국학술원출판사(National Academies Press), 2005.
** 「준비된 결혼: 소녀 결혼 연기로 얻은 인도의 교훈」, 국제여성연구센터(ICRW: International Center for Research on Women), 2008.
*** 「교육 목표: 새천년 개발 목표를 향해」, 유네스코, 2011.

간단히 해결되지 않는 조혼 관습

일부 국가에서는 식량난이나 자연재해, 전쟁과 같은 위기 상황 때문에 조혼 문제가 악화되기도 합니다. 아프리카 사하라사막 중남부에 있는 니제르는 세계에서 조혼율이 가장 높습니다. 유니세프의 어린이 보호 담당 책임자 자나부 마혼데는 "식량 위기가 계속되면 더 많은 부모가 결혼을 생존 전략으로 삼을 것으로 보인다. 만 15세 이전에 결혼하는 소녀가 더 늘까 봐 걱정된다."라고 했습니다. 2015년 4월과 5월 두 차례, 네팔에서 큰 지진이 발생하여 수천 명의 소녀가 고아가 되거나 가족과 헤어졌습니다. 게다가 수백 개의 학교가 파괴돼 소녀들이 낮 동안 안전하게 지낼 장소가 없어졌습니다. 소녀들은 당장 인신매매와 함께 조혼의 위기를 맞았습니다. 부모님들이 딸의 미래를 안전하게 보장하는 방법을 결혼이라고 생각하기 때문입니다.

아시아 서부 지중해 연안에 있는 시리아는 2011년 내전이 발발해 수백만 명의 국민이 인접 국가로 피난했습니다. 시리아와 국경을 접한 요르단은 시리아 난민 수십만 명을 수용했습니다. 난민촌 생활은 소녀에게 상당히 위험합니다. 그래서 조혼이 성폭행 범죄에서 소녀를 보호하는 방법으로 여겨지기도 합니다. 난민촌에서 의료 서비스를 제공하는 단체의 한 직원은 "피난 온 부모들은 난민으로 자라는 딸을 보호하는 가장 좋은 방법이 결혼이라고 생각한다."라고 전했습니다. 만 18세 이전에 결혼한 시리아 소녀의 수가 내전이 발발하기 전보다 두 배 이상 증가했습니다.

또한 일부 시리아 난민 부모님들이 딸을 요르단인과 결혼시키는 이유는 새로운 조국이 딸의 미래를 보장할 것이라고 생각하기 때문입니다. 그러나 이러한 생각은 역효과를 내기도 합니다. 한 시리아 난민 부모님은 딸을 보호하고자 열다섯 살에 결혼을 시켰지만, 결혼 후 딸은 남편에게 맞기만 할 뿐이었습니다.

인도 북부의 한 농촌 마을에서 소녀 세 명이 한밤중에 비밀 결혼식을 치렀습니다. 각각 열세 살, 열다섯 살 난 자매는 자신들에게 무슨 일이 일어나는지 알았습니다. 그러나 결혼식을 위해 예쁜 분홍색 셔츠를 입은, 자매의 다섯 살 난 조카는 남편이 자신을 데려간다는 사실을 전혀 몰랐습니다. 언제라도 경찰이 나서 결혼식을 중단시키고 잘못한 사람을 체포할 수 있었지만, 아무도 이 소녀들을 구하러 오지 않았습니다.

조혼 문화권에 속하지 않은 사람이 보기에 이런 식의 결혼은 너무나 충격적이고 명백히 잘 못된 것이며 바로잡아야 할 일입니다. 〈내셔널지오그래픽〉의 신시아 고니(Cynthia Gorney) 기자 는 "다른 문화권 사람은 '1번, 소녀를 낚아챈다. 2번, 옆에 있는 어른들을 때려눕힌다. 3번, 소 녀와 함께 그대로 도망친다. 임무 완수.'라고 해서라도 어린 신부를 구출하고 싶은 충동에 휩 싸인다."라고 합니다. 그러나 결코 그렇게 간단히 해결할 문제가 아닙니다. 조혼 관습은 경제 적 문제뿐만 아니라 오랫동안 유지한 문화적 신념과 전통에 얽매여 있습니다. 결혼으로 집안 간에 진 빚을 갚고, 집에 꼭 필요한 돈을 구하며 부양가족 수를 줄일 수 있습니다.

관습으로, 문화로 자리 잡은 조혼

〈걸 라이징〉에서 에티오피아 이야기 부분을 담당한 에티오피아계 미국 작가 마자 멘기스테 (Maaza Mengiste)는 제작진과의 인터뷰에서 에티오피아에 조혼이 발생하는 근본적인 원인 중 일부를 이야기했습니다. 여러 국가에 비슷한 원인이 있습니다.

"부모는 딸이 일찍 결혼해야 한다고 생각합니다. 어머니 세대가 그랬고, 그 어머니의 어 머니 세대가 그랬으니까요. 수 세대에 걸쳐 이런 식으로 이어지면서 관습으로, 문화로 자 리 잡은 겁니다. 하지만 진짜 이유는 가족의 경제적·재정적 어려움 때문입니다. 부모는 어 린 딸을 다른 남자 집으로 보내야 한다고 생각합니다. 거기서 딸이 좀 더 잘 지내며 남자에 게 보호를 받는다고 생각합니다. 때로는 결혼 지참금으로 돈이나 가축, 기타 다른 교환 대 가를 받아요. 그렇게 금전적인 거래를 하는 것이고, 부모는 결혼이 딸에게 좋은 일이고 더 나은 미래라고 생각합니다."

아프가니스탄의 **아미나**

천대받는 소녀들

아프가니스탄에는 강제 결혼과 만 16세 미만 소녀의 결혼을 금지하는 법이 있지만, 이 두 가지 일은 지속적으로 발생합니다. 조혼 위기에서 가까스로 벗어난 어린 신부들을 위해 마련한 보호소조차도 위험한 상황입니다. 예를 들어, 어린 신부와 그 자녀를 위해 마련한 아프가니스탄의 수도 카불에 있는 보호소 한 곳은 구호 활동을 진행하면서 심각한 위험에 직면한 적이 있습니다. 2010년 6월 CNN의 닉 로버트슨(Nic Robertson) 기자는 보호소에 새로 들어오는 어린 신부를 인터뷰하려고 기다렸습니다. 그러던 중 한 무리가 보호소에 와서 도망친 어린 신부를 다시 데려가겠다며 위협하는 모습을 목격했습니다. 도망친 어린 신부가 남편에게 되돌아가게 되면 그 소녀의 생명이 위태로워질 뿐만 아니라, 보호소에 있는 사람 모두가 피해를 입게 됩니다. 보호소에 이러한 위협이 지속되면 어린 신부를 돕는 활동을 계속하기 어렵습니다.

비록 법을 만드는 사람들과 헌신적인 구호 단체들이 조혼 문제를 해결하기 위해 전 세계적인 차원에서 노력하지만, 어린 나이에 결혼을 강요당하는 소녀 이야기는 책으로 엮으면 수백 권은 될 만큼 많습니다. 그러나 소녀들이 스스로 조혼 문제를 해결하려는 의지를 발휘한 덕분에 많은 발전이 있었습니다. 결과에 상관없이, 단지 소녀가 목소리를 높이는 것만으로도 엄청난 진전입니다. 목소리를 내고 이야기를 하는 것은 힘을 얻는 일입니다.

〈걸 라이징〉 제작진은 교육을 받고 싶다고 용기 있게 말하는 소녀가 있기를 바라며 아프가니스탄의 여학교를 여러 곳 방문했습니다. 제작진이 목격한 학교의 모습은 다양했습니다. 농촌의 일부 학교는 건물이나 교육 용품이 없었습니다. 반면에 인구 밀집 지역의 일부 학교는 제대로 된 책상과 작은 도서관이 있고, 칠판도 여러 개 갖췄습니다. 제작진은 카메라 촬영에도 개의치 않고 열심히 일하는 교사들을 만났습니다. 다만 교사들은 영화에 자신들의 모습이 등장할까 봐 걱정했습니다. 또한 제작진은 의사나 엔지니어, 교사가 꿈인 소녀들도 만났습니다. 소녀들의 이야기는 무척 흥미로웠지만 인터뷰 촬영은 하지 못했습니다. 소녀들이 너무 두려워서 말하지 못하거나 그 가족들이 이야기를 공유하는 것을 원하지 않았습니다. 아프가니스탄에서는 의사 표현을 자유롭게 할 경우 위험이 따르기 때문입니다.

그때 제작진은 아미나(가명)를 만났습니다. 아미나 역시 수백 명의 아프가니스탄 소녀와 비슷한 상황 속에 있었지만, 다른 점이 하나 있었습니다. 아미나는 용기를 냈습니다. 아미나 는 〈걸 라이징〉에서 아프가니스탄 이야기 부분을 담당하는 자루나 카르가르(Zarghuna Kargar, 일명 자리) 작가와 대화를 나눴습니다. 자리 작가는 『디어 자리: 아프가니스탄 여성의 은밀한 삶』이라는 책의 저자입니다. 자리 작가는 공개적인 의사 표현으로 가족의 명예를 더럽히는 일이 보통 사형을 당할 만큼의 큰 범죄라는 사실을 알았습니다. 이처럼 위험한 상황이었지 만, 아미나는 부르카(burka: 이슬람 여성들의 전통 의복으로 전신을 가리는 형태-옮긴이)를 완전히 덮 어쓰고 카메라 앞에 기꺼이 섰습니다. 아미나에게 이야기는 매우 중요했습니다. 그러나 결 국 리처드 로빈스 감독은 아미나의 정체를 숨기기 위해 〈걸 라이징〉에서 여배우가 아미나 의 모습을 연기하기로 결정했습니다. 아미나의 집은 세트로 짓고, 다른 국가에서 영화에 들

아미나의 정체를 숨기기 위해 〈걸 라이징〉에서 아미나의 역할을 연기한 배우

어갈 장면을 촬영했습니다. 영화 제작에 참여한 모든 사람이 아미나의 신분과 상세 거주지가 밝혀지지 않도록 조심했습니다.

아미나 어머니는 자신이 딸을 낳았다는 것을 알고는 울음을 터뜨렸습니다. 어머니에게 여자아이는 아무 쓸모없었습니다. 더 심하게 말해, 여자아이는 짐이었습니다. 아미나 아버지는 자부심 강한 농부였지만 가난했습니다. 집안 형편은 가족이 겨우 살아갈 정도였습니다. 아미나는 세 살부터 집안일을 했습니다. 동이 트기도 전에 일어나서 물을 긷고 청소와 빨래, 설거지를 하고 땔감을 마련하고 닭에게 모이를 줬습니다. 어린 동생들이 걸어 다닐 때까지 동생들을 등에 업고 돌봤습니다. 아미나는 힘들게 일하며 사는 것이 여자의 운명임을 일찍부터 배웠습니다.

그래도 몇 년 동안, 아미나는 교육받을 기회가 있었습니다. 처음에는 낡은 칠판을 나무 기둥에 걸어 둔 것이 전부인 곳에서 글을 익혔습니다. 그 뒤 아미나의 부모님은 딸을 진짜 학교에 보냈습니다. 아미나는 그런 부모님이 고마웠습니다. 아프가니스탄에서 많은 소녀는 전혀 학교에 다니지 못하거나, 심지어 집 밖으로 나가는 일조차 허락을 받아야 하기 때문입니다.

〈걸 라이징〉에서 아프가니스탄 이야기 부분에 등장하는 아미나 모습

매우 어두운 시기

아프가니스탄 여성의 지위가 항상 나쁜 상황이었던 것만은 아니었습니다. 자리 작가가 자랄 때 카불은 교육의 중심지로 유명했습니다. 자리 작가는 약혼을 하긴 했지만, 스물한 살이 될 때까지 결혼하지 않아 교육을 받을 수 있는 기회도 잃지 않았습니다. 자리 작가의 자매 네 명도 모두 교육을 받았습니다. 그 당시 아프가니스탄의 여성들은 의회에서 직책을 맡고 의사·엔지니어·변호사로 활동했습니다.

그러나 자리 작가는 아프가니스탄은 매우 어두운 시기를 겪었다고 했습니다. 1996~2001년 탈레반이 아프가니스탄을 통치했는데, 탈레반은 정치인을 포함해 직업을 가진 여성을 모두 집으로 돌려보냈습니다. 심지어 여성이 거리를 걸어 다닐 자유도 박탈하고, 소녀가 학교에 다니는 것도 금지했습니다.

자리 작가는 "그 기간에 여성과 여성의 자유에 관한 사람들의 마음과 생각이 달라졌다."라고 전했습니다. 오늘날 아프가니스탄 농촌의 문맹률은 최고 90%에 달합니다. 현재 아프가니스탄 전 지역에서 약 300만 명의 소녀가 학교에 다니지만, 각자 큰 위험을 감수합니다. 공개적으로 의사 표현을 하거나 혹은 평등을 추구하고 교육받기를 원하는 소녀는 독살과 폭탄 테러, 총살, 투석형, 신체 훼손형, 화형을 당합니다. 2013년 유엔은 아프가니스탄에서 여성을 대상으로 한 공격이 28% 증가했다고 전했습니다. 그러나 이것은 '드러난' 숫자일 뿐입니다. 사람들은 보복이 두려워 자신이 당한 위협이나 폭행을 신고하지 않습니다.

비록 한 소녀가 아미나처럼 학교에 다닐 기회를 갖는다 하더라도 그런 행운은 잠시뿐, 결혼 전까지만 이어집니다. 아미나 아버지는 딸을 자신의 조카와 결혼시킬 준비를 했습니다. 그때 아미나는 열네 살이었습니다. 어머니는 딸이 느끼는 절망을 이해했습니다. 이제 아미나에게 학교는 없습니다.

변화를 향한 갈망

아미나는 이런 상황이 닥친 이유를 알았습니다. 아버지는 아미나가 결혼하는 대가로 25만 아프가니스(약 570만 원)를 받았습니다. 이 돈으로 아미나의 남자 형제가 자동차를 사서 더 나은 직업을 찾아다니고, 그렇게 돈을 벌어 가족에게 보내는 것입니다. 〈걸 라이징〉의 에이미 앳킨슨 프로듀서는 아미나가 자신의 이야기를 회상하면서 보인 모습에 매우 놀랐습니다. 에이미 프로듀서는 "아미나는 눈을 깜빡거리며 의연하게 눈물을 참았다. 그리고 이 말을 반복했다. '돈으로 차를 사고, 내 미래로 차를 샀어요.' 순식간에 아미나의 분노는 상처로, 그리고 절망으로 바뀌었다. 아미나의 눈이 분노로 타올랐다가 곧 사그라들었다."라고 현장 노트에 기록했습니다.

〈걸 라이징〉에 나오는 아프가니스탄의 한 교실 모습

아미나가 원치 않은 결혼을 했다는 사실을 아무도 신경 쓰지 않았습니다. 그리고 아미나는 원치 않은 아기를 가졌습니다. 아기를 보면 남편의 모습만 떠오를 것 같습니다. 남편은 아미나를 반복적으로 강간하고 학대하며 구타했습니다. 그러나 아미나는 운이 좋았습니다. 산모 사망률이 세계적으로 높은 국가 중 한 곳에서 출산했지만 운 좋게 죽지 않았기 때문입니다.

출산 전, 남편은 아미나를 친정으로 보내 친정에서 아이를 키우게 하고 자신은 일자리를 구하러 이란으로 떠났습니다. 3년 후에 남편이 돌아왔지만 몇 개월 지내다 다시 떠났습니다. 아미나가 부모님을 어떻게든 설득해서 학교에 다시 다닌 것이 바로 그때였습니다.

아미나는 대학 진학을 꿈꿉니다. 자신이 사랑하는 사람을 선택해 만나기를 꿈꿉니다. 자리 작가, 에이미 프로듀서와 인터뷰가 끝나기 전 아미나는 자신의 정체가 절대로 드러나서는 안 된다고 다시 한 번 강조했습니다. 아미나는 "남편이 알면 아마 날 죽일 거예요."라고 말했습니다.

아미나는 참담한 처지였습니다. 그러나 자리 작가와 대화를 나눌 때, 아미나는 피해자의 모습이 아니었습니다. 아미나는 똑똑했습니다. 과거에 아프가니스탄 여성도 교육을 받았다는 사실을 알았습니다. 자신이 본받을 만한 아프가니스탄 여성이 있다는 사실도 알았습니다. 아미나의 몸은 연약하지만, 목소리는 그렇지 않았습니다.

자리 작가는 "아미나는 열정이 있습니다. 아미나 내면에는 자신의 이야기를 하려는 불꽃이 있습니다. 아미나와 같은 소녀는 어떤 혁명을 이끌지도 모릅니다. 나는 아프가니스탄에서 혁명을 이끄는 사람은 여성이 될 것이라고 생각합니다. 아미나 내면에 있는 분노를 볼 수 있습니다. 이것은 변화를 향한 갈망입니다. 아미나는 지금의 관습과 규율을 깨고 싶어 합니다."라고 말했습니다.

많은 국가도 이와 같은 상황입니다.

이집트의 **야스민**

소녀의 정신력

모든 이야기의 결말이 행복하지만은 않다는 사실은 가혹하지만 엄연한 현실입니다. 보통 절실히 도움이 필요할 때 도와줄 누군가가 곁에 없거나, 혹은 상황이 너무나 나쁜 소녀는 교육 장벽을 극복할 수 없습니다.

그러나 소녀의 정신력은 여전히 승리할 수 있습니다. 이집트의 야스민이 그 예입니다. 야스민은 자매 네 명 중 막내입니다. 야스민 자매는 어머니와 함께 수도 카이로에 삽니다. 집안 형편이 매우 어려워 살아남기 위해서는 온 가족이 일을 해야 합니다.

나는 야스민의 인터뷰 영상을 보고 이 끔찍한 이야기의 실체를 알아차렸습니다. 그러나 곧, 자주 미소 짓고 깔깔거리는 야스민의 모습에 놀랐습니다. 야스민은 눈을 모으며 카메라를 향해 우스꽝스러운 표정을 지었습니다. 사진작가를 웃기려고 앞쪽으로 기대며 카메라 렌즈를 똑바로 쳐다보기도 했습니다. 인터뷰 내내 눈에 웃음이 가득했습니다. 이것이 야스민의 강인함을 증명합니다. 야스민은 강간당한 소녀였습니다. 야스민의 어머니는 딸을 안전하게 지킬 방법은 오직 결혼뿐이라고 생각해 딸의 결혼을 준비했습니다. 결혼을 하면 야스민은 결코 학교에 다니지 못할 것입니다.

야스민은 〈걸 라이징〉 촬영을 위해 모나 엘타하와이(Mona Eltahawy)와 인터뷰했습니다. 모나는 이집트계 미국인 작가이자 사회운동가입니다. 야스민을 만나 이야기를 나누기 직전, 모나 작가는 카이로 타흐리르 광장에서 반정부 집회 현장을 취재 중이었습니다. 그런데 집회를 진압하던 전투 경찰이 모나 작가를 체포해 열두 시간 동안 감금했습니다. 그 시간 동안 전투 경찰은 모나 작가를 성적·신체적으로 폭행했고, 이 때문에 모나 작가는 왼쪽 팔과 오른쪽 손목이 부러졌습니다.

이러한 상황에서 모나 작가는 야스민과 만나는 일정을 미루고 미국으로 돌아가야 할지를 고민했습니다. 그러나 모나 작가는 돌아가지 않았습니다. 두 사람이 만난 자리에서 야스민은 보호대를 찬 모나 작가의 양쪽 손목을 봤습니다. 야스민은 모나 작가에게 "내 마음을 열게요. 모나 작가님도 마음을 열어요. 우리 서로 정말 솔직하게 말해요. 그럴 거죠?"라

모나 엘타하와이 작가와 대화를 나누는 야스민

고 말했습니다.

야스민은 모나 작가에게 강간과 그 후의 일반적이지 않은 상황에 관해 말했습니다. 이집트와 다른 많은 국가에서 성폭행은 보통 문제시되지 않고, 가해자도 처벌하지 않기 때문에 두 사람의 대처는 이례적인 일이었습니다. 사실, 사람들은 성폭행 피해자를 불결하다거나 수치스럽다고 생각합니다. 그리고 왜 그 상황에서 반격하거나 저항하지 않았는지 묻습니다. 모나 작가는 이 사실을 무척이나 잘 알았습니다. 경찰의 폭행으로 응급실에 갔을 때, 모나 작가는 간호사에게 무슨 일이 있었는지 이야기했습니다. 간호사는 모나 작가에게 왜 반격이나 저항을 안 했느냐는 질문을 똑같이 했습니다. 모나 작가는 나중에 경찰서에 가서 "체포되거나 고소당하거나 혹은 벌금을 내야 할 수도 있겠지만, 어쨌든 전투 경찰이 나를 강간했습니다."라고 말했습니다.

한편, 야스민과 어머니는 경찰서에 가서 도움을 받았습니다. 모나 작가는 야스민이 가진 강인함의 뿌리를 보았습니다. "야스민의 의지가 어디서 비롯됐는지 알아요. 바로 어머니예요. 정의를 매우 선명하게 인식한 어머니는 정의를 확신했고, 드디어 실현했어요."

야스민과 어머니는 함께 강간 사건을 신고했고, 경찰은 야스민을 강간한 사람을 체포했습니다. 지금 그 사람은 재판을 기다리고 있습니다.

소녀들의 이혼 소송

2008년 4월, 아시아 아라비아반도 남단에 있는 예멘 수도 사나의 한 법원, 어린 소녀 한 명이 의자에 앉아 있습니다. 소녀는 혼자였습니다. 키가 120센티미터밖에 되지 않아 몇 시간 동안 눈에 띄지도 않았습니다. 마침내 소녀가 기다리던 판사가 나타났습니다. 판사는 소녀에게 여기서 뭐 하냐고 물었습니다. 소녀는 "이혼하러 왔어요."라고 대답했습니다. 소녀의 이름은 누주드이며 당시 열 살이었습니다.

누주드 아버지는 딸을 한 30대 남자와 결혼시켰습니다. 누주드의 형제자매는 열여섯 명이나 됐습니다. 아버지는 맏딸처럼 인신매매를 당하지 않게 하기 위해서 누주드가 어리지만 결혼을 강행했다고 말했습니다. 또한 결혼한 남자에게 누주드와 잠자리를 갖지 말고 아내 노릇을 할 적당한 나이가 될 때까지 양육해 줄 것을 요청했다고 주장했습니다. 누주드와 결혼한 남자는 그런 대화를 나눈 사실이 없다며 누주드 아버지의 말을 부인했습니다. 훗날 누주드는 "결혼했을 때, 두려웠어요. 집을 떠나고 싶지 않았어요. 형제자매들과 어머니와 함께 살고 싶었어요. 그 남자와 함께 자고 싶지 않았지만, 그 남자는 날 강간했어요."라고 CNN 인터뷰에서 말했습니다. 게다가 남편은 누주드를 때리기 시작했습니다. 누주드에게 낮에는 집안일이, 밤에는 공포가 가득 넘쳤습니다. 누주드는 가족에게 돌아가고 친구들과 어울려 놀며 학교 칠판에 자신의 이름을 쓰는 꿈을 꿨습니다.

남편의 허락을 받아 부모님을 만났을 때, 누주드는 가족들에게 도움을 청했습니다. 그러나 아버지는 누주드의 남편과 한 약속을 어기면 가족의 명예가 더럽혀진다며 딸의 요청을 거절했습니다. 그래도 어머니는 "무슨 일이 있었는지 누주드가 말했을 때, 가슴이 무너졌어요."라고 말하며 딸의 처지를 안타까워했지만, 문제를 해결할 방법은 찾지 못했습니다. 다만 어머니는 딸에게 "모든 여자는 이런 상황을 참아야 해. 우리 모두 똑같은 일을 겪는단다."라고 말했습니다.

그러나 누주드는 포기하지 않았습니다. 자신이 얼마나 견디기 힘든 고통을 겪었는지 가족들에게 알리려고 노력했습니다. 몇 달 사이, 누주드는 친구들과 숨바꼭질을 하며 놀던 아이에서 매 맞는 아내로 바뀌었습니다. 마침내 한 친척이 법원에 가서 판사에게 이 사실을 말하자고 제안했습니다.

오늘 나는 '싫다'라고 말할 거예요

이웃집에 있는 텔레비전으로 법정을 본 누주드는 좋은 생각이 떠올랐습니다. 다음 날 아침, 누주드는 용기를 끌어모았습니다. 어머니가 빵 값으로 준 돈으로 버스를 타고, 한 번 더 택시를 갈아타고 법원으로 향했습니다. 누주드는 너무 어릴 때 학교를 그만둔 바람에, 자신의 이름 말고는 글을 몰랐습니다. 법원에 들어서자 흐릿한 표지판과 시끄러운 소리, 북적이는 사람들로 현기증이 났습니다. 누주드는 두렵기도 했지만 결심을 굳혔습니다.

몇 년 후, 누주드는 법원의 혼란스러움을 견디고 앞으로 나아간 그날을 떠올리며 "나는 그저 시골 소녀예요. 항상 남자 어른과 남자 형제 말에 따랐어요. 이제까지 모든 일에 잠자코 따르라고만 배웠어요. 하지만 오늘 나는 '싫다'라고 말할 거예요."라고 자서전에 밝혔습니다.

누주드의 이야기를 듣고, 판사는 섬뜩했습니다. 이렇게 어린 나이에도 결혼이 가능하다는 사실은 알았지만, 누주드처럼 용감하게 공개적으로 의사를 표현하며 도움을 청하는 소녀는 없었습니다. 법원은 누주드를 집으로 돌려보내면 안전하지 않다는 사실을 알았습니다. 그러나 누주드를 보호할 방법을 찾는 데에 시간이 걸렸습니다. 법원이 방법을 마련할 동안 한 판사가 자신의 집에서 누주드를 보호하기로 했습니다.

이제까지 나를 이렇게 신경 써 준 사람은 없었어요

샤다 나세르(Shada Nasser)는 예멘에서 여성의 권리를 위해 싸우는 유명한 여성 변호사입니다. 샤다 변호사는 어린 소녀가 이혼을 원한다는 이야기를 듣고 이 사건을 변호하기로 했습니다. 샤다 변호사는 누주드에게 확신을 주며 두려워하지 말라고 격려했습니다. 훗날 누주드는 자서전에 "이제까지 나를 이렇게 신경 써 준 사람은 없었어요."라고 썼습니다. 샤다 변호사는 누주드의 이혼 청구 사건을 언론에 알렸습니다. 재판이 열린 날, 법정은 사람들로 가득 찼습니다.

누주드는 두려웠습니다. 겨우 열 살인 누주드는 자신을 지속적으로 괴롭힌 남편 얼굴을 법정에서 마주해야 했습니다. 어떻게 그 상황을 견뎠는지 묻는 질문에, 누주드는 "사람들이 내가 겪은 일을 듣고 자신의 딸을 너무 어린 나이에 결혼시키는 일을 다시 생각하기를 바랐어요."라고 대답했습니다. 샤다 변호사는 "이 판사를 만난 것이 행운이었습니다. 다른 판사는 어쩌면 누주드를 법정에 들어오지 못하게 하고 대신 아버지나 남자 형제를 불렀을 겁니다."라고 말했습니다. 그리고 아마도 다른 판사는 누주드의 요청을 거부했을 것입니다.

그러나 이 판사는 누주드의 이혼을 허가했습니다. 이 놀랄 만한 판결은 빠른 속도로 전 세계에 퍼졌습니다. 누주드는 미국의 여성 주간지 〈글래머〉가 뽑은 '2008년 올해의 여성' 중 한 명으로 선정됐습니다. 잡지사는 시상식을 위해 누주드를 미국 뉴욕으로 초청했습니다. 샤다 변호사와 함께 시상식에 참석한 누주드는 청중을 향해 말했습니다. "7개월 전, 나는 '싫다!'라고 말했습니다. 나는 조혼에 반대합니다. 나와 같은 처지에 있는 많은 소녀를 돕고 싶습니다. 예멘으로 돌아가서 공부를 끝까지 마치고 싶습니다."

샤리아에 던진 돌

누주드는 집으로 돌아왔지만 생활은 여전히 어려웠습니다. 누주드는 유명했지만, 1년 후에도 가족과 함께 빈곤하게 생활했습니다. 더 이상 언론에서 누주드를 주목하지 않았습니다. 2009년에 누주드는 CNN과 인터뷰하면서 "TV에 나오거나 언론에 말해도 달라지는 게 없어요."라고 이야기했습니다.

그리고 나서 누주드는 『나 누주드, 열 살 이혼녀』라는 자서전을 썼습니다. 2013년까지 이 책은 전 세계 10여 개국 언어로 번역 출판되었습니다. 자서전을 발행한 출판사는 누주드 가족에게 집을 사 줬습니다. 얼마 동안 누주드는 자서전 출판으로 번 돈으로 학비를 냈습니다. 그러나 누주드가 변호사의 꿈을 이루는 데에 쓰려던 돈은 금방 없어졌습니다. 아버지가 써 버렸기 때문입니다. 누주드는 "새 집주인이 나가라고 해서 오빠네 비좁은 집에서 지내야 해요."라고 말했습니다.

여전히 누주드는 힘든 상황이었습니다. 그러나 누주드의 용기로 변화가 생겼습니다. 누주드의 이야기가 다른 소녀들이 행동하도록 영감을 준 것입니다. 2008년 누주드의 이혼 청구 소송사건이 진행되고 불과 몇 주 후, 아르와라는 소녀가 샤다 변호사에게 연락해 자신의 이혼을 도와 달라고 요청했습니다. 아르와는 여덟 살에 서른다섯 살의 남자와 결혼해 누주드가 그랬던 것처럼 똑같은 방법으로 남편에게 고통받았습니다. 샤다 변호사의 도움으로 아르와는 이혼했습니다. 예멘에서 이런 사례가 두 건 더 있었습니다. 그리고 예멘에 이웃한 사우디아라비아에서는 한 어머니가 여덟 살 딸의 결혼 무효를 요청했습니다. 한 판사에게 두 번 기각당했지만, 새로운 판사가 요청을 받아들여 결혼은 무효가 됐습니다.

큰 관점에서 보면 누주드의 이혼 청구 소송과 뒤따른 사건들은 사람들을 대화의 장으로 이끌었습니다. 일부에서 조혼 문제를 언급하는 데에 두려움이 줄어들었으며, 이에 예멘의 결혼법을 바꾸려는 움직임도 생겼습니다. 예멘의 한 언론인은 "누주드 사건은 샤리아(이슬람의 법체계이며 아랍어 본뜻은 '물웅덩이', '물의 근원으로 가는 길'—옮긴이)에 던진 돌이었습니다."라고 말했습니다.

예멘 농촌의 평균 결혼 연령은 만 12~13세로, 산모 사망률이 세계적으로 높은 수준입니다. 예멘에서는 여러 의견 차이로 적정 결혼 연령에 관한 새로운 법을 만드는 과정이 느리게 진행되고 있습니다. 예를 들어, 2011년 예멘 국회의 한 의원은 〈내셔널지오그래픽〉의 신시아 고니 기자에게 "조혼이 위험하면 알라가 금했을 것입니다."라고 주장했습니다. 이러한 믿음은 뿌리가 깊습니다. 2009년 예멘 국회는 결혼 가능 최소 연령을 만 17세로 하는 법안을 표결에 부쳤습니다. 그러나 일부 의원이 이슬람 율법에 위배된다며 반대해 법안이 통과하지 못했습니다. 2014년에는 예멘의 헌법 개정안에 만 18세 미만의 결혼을 불법으로 하는 조항을 포함했습니다.

분명 문화적 전통을 고수하면서 이러한 규율을 변경하기는 어렵습니다. 과연 이러한 상황은 변할 수 있을까요? 더 나은 미래를 기대할 수 있을까요?

에티오피아의 **멜카**

소녀들의 강제 결혼식

멜카도 야스민처럼 강간의 상처를 극복하고 정의를 찾기 위해 싸우고 노력한 소녀입니다. 사건은 멜카의 결혼식 날 발생했습니다. 멜카는 아프리카 북동부에 있는 에티오피아의 북부 리보켐켐에 삽니다. 멜카는 키가 크고 성격이 쾌활했습니다. 눈빛이 사람 마음속을 꿰뚫어 보는 듯하고 미소가 따뜻했습니다. 멜카는 자리에 앉아 〈걸 라이징〉 제작진과 이야기를 나눴습니다.

"그때 난 열네 살이었어요. 막 학교에서 돌아왔는데 집이 사람들로 북적거렸어요. 모두 옷도 잘 차려입었기에 어머니한테 무슨 일이 있느냐고 물었어요. 그런데 어머니는 물론이고 아무도 무슨 일인지 얘길 안 해 줬어요. 사람들이 점점 더 몰려왔어요. 그제야 어머니가 내게 드레스를 건네며 말했어요. '자, 이걸 입어라. 지금 네 결혼식을 올릴 거야.' 난 도망가려고 했어요. 그러자 사람들이 날 때렸어요. 난생처음 본 남자가 옆에 있었어요. 정말 도망치고 싶었어요."

결혼식이 끝난 뒤, 멜카는 자신보다 나이가 훨씬 많은 남편의 집으로 보내졌습니다. 집에 도착하자 남편은 멜카를 침실로 밀어붙였습니다. 멜카는 저항했고 또다시 매를 맞았습니다. 그 뒤 일은 정확하게 기억나지 않는다고 했습니다.

"집 안으로 들어가고 싶지 않았어요. 하지만 아무도 내 말을 듣지 않았죠. 그저 밀어붙이기만 했어요. 그 남자의 친구들이 날 때렸어요. 떠올리기 힘든데, 그 사람들은 내가 집 안으로 들어갈 때까지 계속 때렸어요. 난 병원에서 깨어났어요. 온몸이 아팠어요. 눈은 겨우 떴지만 몸은 전혀 움직일 수 없었어요. 병원에 30일 동안 있었어요."

병원 간호사들이 멜카에게 있었던 일을 경찰에 신고했습니다. 새아버지와 어머니, 멜카와 결혼한 남자는 감옥에 가고, 결혼은 무효가 되었습니다. 멜카는 퇴원해서 집으로 돌아왔습니다.

국가에서는 멜카를 보호했지만 집에서는 사정이 달랐습니다. 가족들은 멜카가 집안의 명예를 더럽혔다며 비난했습니다. 멜카는 "부모님이 감옥에서 돌아왔어요. 아버지는 나와 한

폭력이 난무한 강제 결혼 상황에서 벗어나 교사가 된 멜카

마디 말도 안 했어요. 학교 다닐 형편이 못 돼서 일을 시작했어요. 힘든 시간이었지만 난 더 강해졌어요. 이런 일을 겪기 전에는 수줍음이 많아서 사람들 눈을 똑바로 쳐다보지 못했어요. 하지만 지금은 아무것도 두렵지 않아요."라고 말했습니다.

학교는 계속 다닐 거예요

아세야도 에티오피아 북부 리보켐켐에 삽니다. 아세야가 다니는 학교에서 멜카가 소녀들에게 조혼의 위험성과 위생 관리, 에이즈 예방법을 가르칩니다.

　아세야는 열다섯 살, 7학년(우리나라 학제로 중학교 1학년-옮긴이) 때 리처드 로빈스 감독을 만났습니다. 빨간 셔츠를 입고, 빨간 스카프를 머리에 두른 아세야는 자신의 이름을 열심히 영어로 써서 보여 줬습니다. 아세야는 자신감이 넘치고 눈이 반짝거렸습니다. 불과 몇 분 만에 인터뷰하는 사람에게 편안함을 느낀 듯, 활짝 미소 지었습니다. 하루 중 가장 좋아하는 시간을 묻자, "쉬는 시간이요."라고 대답했습니다.

아세야는 운이 좋습니다. 농촌에 살지만 가족이 교육의 중요성을 알고 있습니다. 아세야의 오빠는 교사입니다. 아세야에게 꿈을 묻자 '의사'가 되고 싶다고 답했습니다. 인터뷰에 응한 에티오피아 소녀 대부분이 마찬가지였습니다. 리처드 감독은 아세야에게 왜 이렇게 많은 에티오피아 소녀들이 의사나 교사 혹은 다른 사람을 돕는 직업을 갖길 원하는지 물었습니다. 아세야는 "우리나라가 경제적으로 가난하기 때문이에요. 교육을 받아서 나뿐만 아니라 가족·부모·나라를 위한 일을 할 책임이 있어요."라고 대답했습니다.

그러나 1년 전, 부모님이 아세야의 꿈을 위협하는 말을 건넸습니다. 결혼을 해야 하니 학교를 그만두라는 것이었습니다. 아세야는 부모님의 말을 듣고서 학교의 여학생위원회에 도움을 요청했습니다. 여학생 자문 위원들이 나서서 아세야가 결혼해서는 안 된다고 설득했지만 아세야의 부모님은 완강했습니다.

그러나 아세야도 포기하지 않았습니다. 부모님에게 정말 결혼하고 싶지도, 학교를 그만두고 싶지도 않다고 말했습니다. 부모님의 반응은 어땠을까요? 부모님은 아세야에게 정 싫으면 결혼할 필요 없지만, 결혼하지 않으면 집을 떠나야 할 것이라고 했습니다. 아세야 나이에 집을 떠나는 일은 결코 좋은 방법이 아니었습니다. 아세야는 부모님에게 타협안을 제시했습니다. 열여덟 살이 될 때까지 3년만 결혼을 연기하고, 그동안은 집에서 학교에 계속 다니게 해 달라고 했습니다. 마침내, 부모님은 딸의 제안을 받아들였습니다.

2004년 에티오피아는 법정 결혼 가능 최소 연령을 만 18세로 개정했지만, 수만 명의 소녀가 여전히 만 15세에 결혼합니다. 일부 사람들은 만 13세가 적정 결혼 연령이라고 생각합니다. 에티오피아 소녀들은 만 7세에 결혼하기도 합니다. 고작 '일곱 살'에 결혼하는 것입니다. 다른 국가와 비교해도 매우 낮은 연령입니다.

이런 협상 내용을 들은 리처드 감독은 아세야에게 3년 후에는 어떻게 할지 물었습니다. 아세야는 "결혼을 하겠지만, 학교는 계속 다닐 거예요."라고 계획을 밝혔습니다. 리처드 감독이 부모님이 계획을 반대하면 어떻게 할지 묻자, 이번에는 고개를 갸우뚱하고 눈썹을 추켜세우며 "그렇게 되면 집을 떠날 거예요."라고 대답했습니다. 아세야는 이러한 강인함과 끈기로 인생을 잘 헤쳐 나갈 것입니다.

너는 지금 우리 문화를 망치는 것이다

반치아예후도 아세야처럼 의사가 꿈인 에티오피아 소녀입니다. 학교에서 배우는 과목 중 물리학을 가장 좋아합니다. 반치아예후는 만 열여섯 살에 〈걸 라이징〉 제작진을 만났으며 그때 8학년이었습니다. 매일 40분을 걸어서 학교에 갑니다. 아세야와 달리 반치아예후는 조용하고 수줍음이 많은 성격입니다. 자주 입을 가리며 미소 를 지었습니다. 그러나 내면은 굳센 의지로 똘똘 뭉쳐 있었습니다.

반치아예후는 아버지가 비밀리에 준비한 결혼식에서 말 그대로 도망쳐 나왔습니다. 그런 일이 두 번이나 있었습니다. 첫 번째 시도된 반치아예후의 강제 결혼식 때, 집안사람들과 아버지의 친구들이 집으로 모여들자 반치아예후와 오빠 예체도는 영문을 몰라 어리둥절했습니다. 곧 남매는 아버지가 벌인 일을 알아챘습니다. 예체도는 반치아예후보다 네 살 위로, 12학년(우리나라 학제로 고등학교 3학년—옮긴이)이었습니다. 예체도는 만 18세 미만 결혼은 불법임을 알았습니다. 여자 사촌과 다른 여자 형제가 결혼해서 어떻게 사는지도 잘 알았습니다. 예체도는 여동생이 이들과 같은 운명이 되는 것을 원치 않았습니다.

예체도는 아버지와 싸웠습니다. 아버지는 결혼의 대가로 이미 돈을 받았으며 이것이 우리의 방식이라고 말했습니다. 그러나 예체도는 포기하지 않았습니다. 경찰에 알려서 아버지를 잡아가게 하겠다며 으름장을 놓았습니다. 결국 아버지는 물러섰습니다. 그러나 "너는 지금 우리 문화를 망치는 것이다."라며 몹시 화를 냈습니다. 예체도는 아버지가 받은 돈을 결혼 상대였던 남자 집안에 돌려줬습니다. 반치아예후는 그제야 마음이 놓였으며, 오빠에게 고마워했습니다.

이 사건 이후 예체도는 학교로 돌아가 기숙사에서 지냈습니다. 얼마 후 집에 잠시 들른 예체도는 다시 한 번 가족들이 여동생을 결혼시키려는 것을 목격했습니다. 처음에는 부활절을 기념하는 듯 보였지만 첫 번째 결혼 사건이 벌어졌을 때 왔던 집안사람이 눈에 띄었습니다. 아버지가 경찰 몰래 결혼식을 치르려고 부활절 모임으로 위장한 것입니다.

예체도는 결혼식을 올리면 안 된다고 말하며 아버지뿐만 아니라 다른 가족들과도 싸웠습니다. 반치아예후는 도망갔지만, 형부에게 붙잡혀 왔습니다. 예체도는 경찰을 불렀고 경찰은 결혼 서류에 서명하지 못하게 하고 가족들에게 결혼 법을 다시 한 번 알려 주었습니다. 그러나 경찰이 떠나자, 가족들은 여전히 반치아예후의 의사와 상관없이 결혼식을 강행하려 했습니다.

반치아예후와 예체도

예체도는 여동생을 위해 싸울 준비를 마쳤습니다. 그러나 다른 가족들도 마찬가지였습니다. 예체도가 다시 경찰에 신고하려고 집을 나서자, 이번에는 아버지와 매형이 뒤쫓아 와 돌로 때리고 밧줄로 꽁꽁 묶으려 했습니다. 어쨌든 이번에도 예체도는 가족들의 계획을 막았습니다. 이후 몇 달 동안 예체도는 여동생 곁을 지켰습니다. 마침내 가족들이 포기했습니다.

이 모든 일을 겪은 후, 예체도는 부모님의 생각이 바뀌었을 것이라고 믿습니다. 여전히 이웃들은 전통을 어긴 예체도에게 화를 내지만 예체도는 기쁩니다. 자신이 나선 덕분에 여동생을 구했고, 이웃들이 딸을 강제 결혼시키는 일을 그만둘 정도로 충분히 두려움을 갖게 되었기 때문입니다.

반치아예후는 학교에 계속 다닐 수 있었습니다. 그리고 반치아예후의 노력은 인정받았습니다. 가족들은 반치아예후의 시와 그림을 지나가는 사람 모두 볼 수 있게 집 바깥쪽에 붙여 놓았습니다. 반치아예후는 "가족들이 나를 자랑스러워해요. 이제는 내가 결혼하는 걸 원치 않아요."라고 말합니다.

에티오피아의 **아즈메라**

교육을 가로막는 조혼제

에티오피아의 다른 마을에 사는 소녀, 아즈메라도 오빠의 도움을 받았습니다. 아즈메라는 아직 열네 살도 안 됐습니다. 그런데 아즈메라 어머니는 생전처음 본 스무 살 남자와 딸을 결혼시키기로 했습니다.

아즈메라는 사랑스러운 소녀입니다. 착하고 호기심이 매우 많습니다. 수줍음도 몹시 탑니다. 이제까지 〈걸 라이징〉 제작진이 만났던 에티오피아 소녀들은 적극적이고 자신의 생각을 표현하는 데에 거리낌이 없었습니다. 그러나 에티오피아 소녀들, 특히 시골에 사는 소녀들은 미소 지을 때 눈을 피하거나 고개를 돌리라고 배웁니다. 리처드 로빈스 감독은 에티오피아 답사 중, 자신이 만난 대부분의 소녀에게 공통점이 있다고 전했습니다. 리처드 감독은 "에티오피아 소녀들은 쉽게 미소 짓지 않는다. 하지만 한 번 미소 짓기만 하면, 짙은 구름을 뚫고 눈부신 햇살이 비치는 듯하다."라고 했습니다.

아즈메라가 미소 지을 때 리처드 감독이 말한 모습이 완벽하게 나타납니다. 그 모습 안에 자신감, 유머 감각, 건강한 고집스러움이 있습니다.

아즈메라는 가족을 잃었습니다. 원래 아버지와 어머니, 언니, 오빠, 이렇게 다섯 명이 한 가족이었습니다. 그런데 아버지와 맏언니가 죽고 말았습니다. 이제 가족은 어머니와 오빠 메세루, 아즈메라뿐입니다. 물론 같은 마을에 할머니와 숙모, 사촌이 삽니다. 〈걸 라이징〉에 등장하는 아즈메라 가족은 서로 웃음 짓고 껴안으며 이야기를 나눕니다. 이 가족이 얼마나 서로 사랑하는지 분명히 보입니다.

아버지가 돌아가시자 메세루는 학교를 그만두었습니다. 그리고 나서 일고여덟 살부터 농사를 지었습니다. 당연히 어머니는 딸의 미래를 걱정했습니다. 어머니는 아즈메라가 집에서 자신의 보살핌을 받기보다는 결혼을 해서 남편의 보호를 받는 것이 나아 보였습니다. 마을 어른들도 결혼시키는 것이 어머니로서 딸을 사랑하는 방법이라고 말했습니다.

아즈메라는 조혼의 전통 속에서 자랐지만, 어쨌든 결혼이 최선의 선택이 아님을 알았습니다. 다행히 결혼할 남자가 아즈메라에게 선택권을 주겠다고 했습니다. 어머니는 이 말을

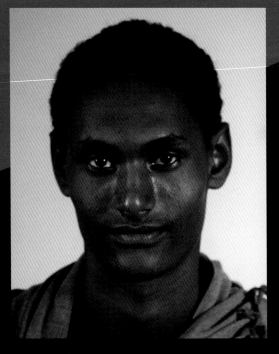

아버지의 모습

오빠의 사랑

"우리 각각의 이야기는 단 한순간에 결정된다. 무엇을 할 것인가와 말 것인가 사이의 짧은 멈춤에. 진실이길 바라는 것과 할 수 있는 것 사이에서 결심할 수 있는 그 짧은 순간에."

〈걸 라이징〉의 작가 마자 멘기스테

예체도가 반치아예후를 보호하고 구한 것처럼 메세루도 아즈메라를 위해 큰일을 했습니다. 메세루는 아즈메라와 결혼할 남자가 집에 오던 날 밭에서 일을 했습니다. 일을 마치고 집에 들어서니 어머니가 처음 보는 사람과 대화를 하는 모습이 보였습니다. 곧 메세루는 무슨 일인지 알아챘습니다. 메세루는 '무엇을 할 것인가와 말 것인가 사이의 짧은 멈춤'에서 동생을 돕기로 결정했습니다.

메세루는 아즈메라가 계속 학교에 다니도록 자기 물건을 무엇이든 내다 팔겠다고 했습니다. 여동생에게 선택이 가능한 삶을 선물로 주고 싶다고 말했습니다. 메세루는 여동생이 교육받기를 원했으며, 만약 결혼하면 결코 교육받지 못함을 알았습니다. 어머니에게 아즈메라의 결혼을 반대한다고 말했습니다.

메세루의 용기가 아즈메라의 용기에 불을 붙였습니다. 아즈메라는 어머니에게 더 나은 삶을 원한다고 말했습니다. 남매의 이 용기 있는 행동 한 번으로 아즈메라의 삶은 완전히 달라졌습니다. 두 사람이 함께 조혼을 거부했습니다.

전하며 그렇지만 결혼을 해야 한다고 했습니다. 그러나 아즈메라는 어머니에게 결혼하기 싫다고 말했습니다. 집안에서 그렇게 말한 소녀는 아즈메라가 처음이었습니다. 오빠 메세루도 동생 편에 섰습니다.

아즈메라는 행동에 나섰습니다. 나중에 아즈메라는 선생님에게도 이 얘기를 전했다고 했습니다. 결혼은 곧 학교를 떠나는 것과 같았습니다. 그렇게 되면 자신의 꿈인 의사가 될 수 없습니다.

그렇지 않아도 많은 집안일로 학교생활은 충분히 힘들었습니다. 이것이 전 세계 많은 소녀의 현실입니다. 아즈메라와 같이 시골에 사는 대부분의 소녀는 물을 긷고 장작을 패며, 농사를 짓고 식사를 준비하고, 어린 형제나 사촌들을 돌보는 데에 시간을 많이 씁니다. 집안일을 모두 끝낸 후에야 공부할 수 있습니다.

소녀가 결혼을 하고 남편을 챙기며 아이를 낳느라 학교를 그만둬야 한다면, 어쩌면 소녀는 다시는 공부할 기회를 갖지 못할 것입니다.

소녀에게 선택권을

빈곤과 대대로 이어지는 문화적·종교적 전통은 복잡한 문제이며 변화하기가 어렵습니다. 특히 많은 사람이 변화의 필요성에 동의하지 않으면 더욱 바꾸기 힘듭니다. 그러나 조혼의 결과는 명백합니다. 소녀가 어린 나이에 결혼하면 더는 교육받을 수 없습니다. 이런 소녀의 삶은 빈곤과 폭력, 조기 출산으로 이루어진 악순환을 거듭합니다.

그러나 소녀가 교육받으면 다른 형태의 생애 순환을 시작할 수 있습니다. 소녀가 교육받으면 결혼을 더 늦게 할 것입니다. 자녀를 더 적게 낳고, 그 자녀는 좀 더 건강할 것입니다. 소녀 자신도 더 건강해질 것입니다. 그리고 교육받은 소녀는 자신의 자녀를 교육할 가능성이 높습니다.

법으로 정한 조혼의 기준은 국가마다 다릅니다. 더욱이 많은 국가에서 출생 기록을 제대로 관리하지 못하는 탓에 소녀의 나이를 정확히 알기 어렵습니다. 그러나 유엔과 다른 여러 단체가 전 세계적 차원에서 조혼 관습을 없애기 위해 활동하고 있습니다.

2012년 유엔은 전 세계 소녀들의 평등권 보장에 중점을 두고 '세계 소녀의 날'을 지정했습니다. 첫해는 특히 조혼 문제를 해결하는 데에 집중했습니다. 유엔의 글로벌 정책 결정 기구인 CSW(Commission on the Status of Women: 여성지위위원회)는 전 세계 국가에 조혼 관련 법률을 검토해 달라고 요청했습니다.

물론 변화가 필요한 것은 법만이 아닙니다. 조혼 발생 국가의 국민 의식을 바꿔야 합니다. 조혼에 관한 사람들의 생각을 바꾸기 위해 많은 국가의 NGO가 노력하고 있습니다. 이러한 단체는 법이 뒷받침되기를 바랍니다. 조혼 반대 운동을 펼치는 소규모 NGO가 한데 모여 '걸스 낫 브라이즈(Girls Not Brides)'라는 통합 기구를 설립했습니다. 이 통합 기구의 설립으로 조혼 반대 운동의 영향력과 추진력이 더욱 높아질 것입니다. 현재 걸스 낫 브라이즈는 전 세계 160여 개 NGO와 협력 관계를 맺고 활동 중입니다.

남아프리카공화국 넬슨 만델라(Nelson Mandela) 전 대통령의 부인 그라사 마셸(Graça Machel)은 평생 동안 인권 보호를 위해 싸웠습니다. 2011년 디 엘더스(The Elders: 평화와 인권을 위해 함께 일하는 독립적 세계 지도자 그룹)의 일원으로 그라사 마셸은 걸스 낫 브라이즈의 설립을 도왔습니다. BBC 인터뷰에서 놈사 마세코 기자가 그라사 마셸에게 조혼이 소녀에게 끼치는 영향을 물었습니다. 그라사 마셸은 "우리가 짐작도 못 할 일입니다. 조혼은 소녀가 가진 생의 불꽃을 거의 꺼뜨리는 일입니다. 이 어린 소녀, 어린 여성은 내면에 훨씬 더 많은 것을 품었습니다. 조혼은 이것들을 죽이는 악습이라고 생각합니다."라고 답했습니다.

마자 멘기스테 작가는 자신이 바라는 아즈메라 이야기의 결말을 이야기했습니다.

"아즈메라가 계속 학교에 다녔으면 합니다. 그럼 어떻게든 아즈메라의 사촌과 친척이 영향을 받아 집안의 어린 소녀들을 학교에 보내겠지요. 소녀에게 선택권을 줘야 합니다. 그리고 아즈메라가 어떤 선택을 하든, 고등학교와 대학에 진학하길 바랍니다. 아즈메라가 자신이 시작한 이 새로운 전통을 훗날 자신의 딸에게도 계속 이어 나가길 바랍니다."

마자 작가의 말은 이 말이 필요한 모든 소녀에게 적용될 수 있습니다.

예술의 힘

좌우명

네팔 국민 중 700만여 명이 문맹이며 이들 중 대부분이 여성입니다. 2011년 룸 투 리드는 네팔에서 글쓰기 대회를 열었습니다. 열다섯 살 모니 칸은 재활용 제도를 이용해 사람들의 교육을 돕는 이야기를 썼습니다. 모니는 이 글쓰기 대회에서 우승을 했습니다. 룸 투 리드는 모니의 글을 책으로 출판했습니다. 모니는 "작가가 돼서 더 많은 이야기를 쓰고 싶어요."라고 룸 투 리드에 말했습니다.

그런데 얼마 지나지 않아, 갑자기 모니가 학교에 오지 않았습니다. 룸 투 리드에서는 모니의 부모님이 딸을 학교에 다니지 못하게 한 사실을 알았습니다. 모니의 부모님은 플라스틱 공장에서 매우 적은 임금을 받고 일하며 자녀 네 명을 포함해 가족의 생계를 책임집니다. 모니 어머니는 "집안 형편 때문에 모니를 결혼시키려고 했어요."라고 말했습니다.

모니는 어린 나이에 결혼하는 문화를 너무도 잘 압니다. 모니 어머니와 할머니도 어린 나이에 결혼했습니다. 모니는 "어머니와 할머니가 겪는 고통을 봤어요. 조혼은 받아들일 수 없다고 생각했어요. 결혼보다 교육이 더 중요해요."라고 말했습니다.

다행히 모니가 글쓰기 대회에서 우승한 사실이 부모님에게 큰 영향을 주었습니다. 학교의 중요성을 깨닫는 데에 도움이 된 것입니다. 모니의 부모님은 "모니가 교육받을 수 있도록 무엇이든 할 겁니다."라고 이야기했습니다. 모니의 성취 덕분에 다른 자매 두 명도 학교에 갈 수 있는 길이 열렸습니다. 모니의 부모님은 "우리 딸, 모두를 교육할 겁니다."라고 다짐했습니다.

페루의 라린코나다

● 빈곤, 교육에서 철저히 멀어지다

전 세계적으로 소녀 네 명 중
한 명은 빈곤한 가정에서 태어납니다.

전 세계 50여 개국은 교육을 받으려면
수업료를 지불해야 합니다.

에피오피아의 한 학교 모습

눈을 떠서 감는 순간까지 매일매일 녹초가 되도록 하루 종일 일해도 나아지는 것이 없는 가정 형편을 상상해 봅시다. 물론 웃음과 꿈, 사랑, 정이 넘치는 행복한 시간도 있습니다. 그러나 음식이나 옷을 마련하기에도 빠듯해 자녀를 교육하는 데에 쓸 돈은 전혀 없습니다.

이것이 우리의 이웃, 수많은 세계 시민의 모습입니다. 알다시피, 세계 여러 지역에 존재하는 노예제와 조혼은 소녀를 학교에 다니지 못하게 하는 주요한 교육 장벽이며, 빈곤은 보통 그러한 문제의 뿌리입니다.

빈곤은 다른 방식으로 소녀가 교육에 접근하지 못하게 합니다. 보통 학교가 집 근처에 없거나, 있다 하더라도 제대로 된 건물이 아니며 교과서나 다른 교육 용품도 턱없이 부족합니다. 특히 여러 농촌이나 외딴 곳에는 제대로 훈련받은 교사가 부족하거나, 심한 경우 전혀 없습니다. 그리고 정수와 위생 문제로 어려움을 겪는 개발도상국에서는 소녀를 위한 별도의 시설은커녕 학교 내 화장실도 없습니다. 깨끗한 개인 화장실이 없으면, 특히 생리 기간에 소녀는 학교에 다니지 못합니다. 인도의 저널리스트 칼파나 샤마(Kalpana Sharma)는 자신의 저서 『힌두(Hinda)』에서 "우리 아이들의 교육받을 권리 부여의 핵심은 무엇인가? 대부분의 학교가 기본적으로 화장실 사용이 불가능하다면? 학교에 화장실이 없어 사춘기 이후의 어린 소녀를 당혹스럽게 하면서 어떻게 여성 문맹률을 낮추길 기대하는가?"라고 언급했습니다.

이렇게 매우 많은 국가의 교육 접근성이 낮기 때문에, 〈걸 라이징〉 제작진이 만난 여러 국가의 소녀들이 가족 중 처음으로 학교에 다닌다는 사실이 그리 놀랍지 않습니다.

소녀는 각각 학교에 가기 위해 싸웠습니다.

프놈펜 거리를 지나 학교로 걸어가는
한 캄보디아 소녀

캄보디아의 **초엣**

가족과의 마찰

〈걸 라이징〉 제작진은 캄보디아의 한 학교를 방문하여 학생들을 상대로 일대일 개별 인터뷰를 진행했습니다. 그러나 초엣은 자신의 차례를 기다리지 못하고 10대 소녀 75명이 모인 교실 가운데에서 당차게 일어나 말했습니다. 다섯 살 때 아버지가 돌아가신 이야기와 생존을 위해 자신과 형제자매 여덟 명이 일을 찾아 나선 이야기였습니다.

초엣은 룸 투 리드가 운영하는 프로그램의 지원으로 가족 중 유일하게 학교에 다니고 있습니다. 새벽 5시에 일어나 논에서 일하고 거의 13km를 걸어 학교에 왔다가 다시 집으로 돌아갑니다. 논에서 저녁 일을 한 뒤 늦은 밤에야 학교 숙제를 끝냅니다. 집에 양식이 거의 없고 배고픔을 달랠 과자 몇 개 살 돈도 없습니다.

초엣은 교육을 받고 싶지만 어머니는 딸이 일해야 할 시간에 학교에 다닌다며 화를 냅니다. 초엣의 턱 밑으로 눈물이 떨어집니다. 초엣은 "어머니는 이해 못 해요. 내가 공부하는 바람에 어머니가 논일을 더 많이 하게 된다고 말할 뿐이에요."라고 했습니다.

어머니는 딸이 학교를 그만두기를 바랍니다. 가족 간에 이런 충돌이 흔합니다.

**룸 투 리드 직원에게
자신이 그린 그림을 보여 주는 초엣**

캄보디아의 **소팻**

마음속의 불꽃

소팻은 열일곱 살 때 〈걸 라이징〉의 마사 애덤스 프로듀서를 만났습니다. 소팻은 캄보디아에서도 가장 가난한 지역에 삽니다. 소팻의 부모님은 쌀농사를 짓습니다. 집에 양식이 떨어질 때가 많고 전기나 수도 시설도 없습니다. 소팻은 집에서 학교까지의 상당한 거리를 걸어다니고, 매일 해야 할 일이 있습니다. 그러나 학교 수업이 끝나면, 공짜로 얻은 잡지나 신문 조각을 들고서 집을 향해 달립니다. 소팻은 어머니에게 그것들을 읽어 줄 생각에 신이 납니다. 마사 프로듀서는 "초엣 어머니와 달리 소팻 어머니는 딸이 공부를 하고 글을 읽는 것을 자랑스러워했다."라고 기록했습니다. 또, 마사 프로듀서는 소팻에게 무엇이든 세상이 들어줬으면 하는 소원을 빌어 보라고 했습니다. 소팻네는 형편이 좋지 않아 모든 것이 부족합니다. 그러나 소팻은 마을 사람들이 함께 읽고 나눌 책 한 상자를 가지는 것이 소원이라고 했습니다. 〈걸 라이징〉 제작진과 룸 투 리드는 이 소원을 들어줬습니다.

〈걸 라이징〉 제작진은 이집트에서 열세 살 소녀 호다를 만났습니다. 호다는 다른 아이들이 학교 가는 모습을 보면 '마음속에 불꽃이 인다'고 말했습니다. 호다는 부모님에게 끈질기게 요구하고 애원해서 마침내 일곱 살 때 학교에 다닐 수 있었습니다. 공부하려는 호다의 의지가 통한 덕분에 다른 형제 두 명도 학교에 다니게 되었습니다. 호다의 사례는 미래 세대에 영향을 줄 수도 있습니다. 호다는 "학교에서 선생님을 보고 나니까, 나도 선생님이 되고 싶어졌어요."라고 말합니다. 소팻, 호다와 같은 소녀가 가족과 지역사회의 의식을 바꾸는 중요한 계기가 될 수 있습니다.

단지 교육을 원한다는 이유로 발생하는 범죄들

학교가 마을에서 수 킬로미터 떨어진 곳에 있는 경우도 있습니다. 자동차나 다른 교통수단이 없는 경우, 학생들은 학교에 걸어서 가야 합니다. 보통 비포장도로나 인도가 따로 없는 길을 걷습니다. 소녀는 울퉁불퉁하고 진흙투성이 산길을 지나, 거머리가 들끓는 논물을 건너, 숨 막히게 덥고 먼지가 풀풀 날리는 길을 걷고 또 걸어 드디어 자신이 그토록 사랑하는 학교에 도착합니다. 그러나 이러한 길을 소녀 혼자 걸어 다니는 것은 매우 위험합니다. 성폭행을 포함하여 소녀와 여성을 대상으로 한 신체적 공격이 빈번하게 발생하기 때문입니다.

많은 국가에서 학교에 다닌다는 이유만으로 소녀가 폭력과 위협의 대상이 됩니다. 이것은 경고이자 처벌이며 억압입니다. 교육받기를 소망하거나 시도하면 값비싼 대가가 따를 것이라는 의미입니다. 뉴스는 이런 상황을 계속 보도합니다.

아프리카 북동부에 있는 소말리아의 이슬람 극단주의 무장 단체 알샤바브(Al Shabaab)는 소녀들을 알 샤바브 대원의 '아내'로 삼기 위해 납치도 서슴지 않습니다. 2014년 12월 파키스탄 탈레반은 페샤와르에 있는 한 군사학교에서 100여 명의 아동을 살해했습니다. 2014년 4월 나이지리아에서 보코 하람(Boko Haram: 이슬람 방식 교육이 아니면 죄악이라는 뜻)이라는 이슬람 단체가 여학생 300명을 납치한 사건이 발생했습니다. 2015년 4월 나이지리아군이 보코 하람 근거지에서 여성 200명을 구출했는데 이들은 1년 전 납치된 소녀 300명과는 무관한, 또 다른 여

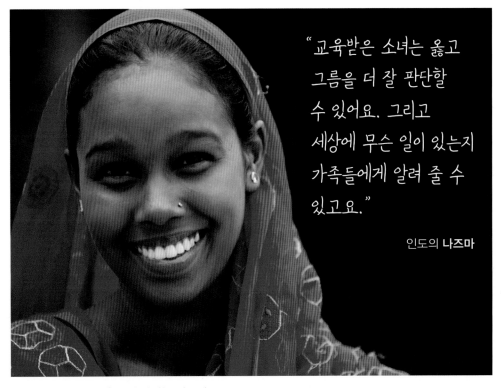

"교육받은 소녀는 옳고 그름을 더 잘 판단할 수 있어요. 그리고 세상에 무슨 일이 있는지 가족들에게 알려 줄 수 있고요."

인도의 **나즈마**

가족 중에 처음으로 학교에 다니는 나즈마

성들이었습니다.

　인도·파키스탄·아프가니스탄·요르단·시리아 등 많은 국가에서 소녀를 납치해 성적으로 학대하고 독살과 총살, 황산 테러를 가합니다. 또한 여학교를 폭격하고 방화하며 폐쇄합니다. 이 모든 범죄는 단지 교육을 원한다는 이유로 발생합니다. 2015년 2월 유엔의 보고에 따르면 지난 5년 동안 적어도 70개국의 학교가 공격을 받았습니다. 공격 대상은 소녀와 부모, 소녀 교육을 지지하는 교사였습니다. 유엔은 "교육에 접근하는 소녀를 대상으로 공격을 계속하며, 놀랍게도 일부 국가에서는 이러한 범죄가 일정하게 증가한다."라고 전했습니다.

　이러한 공격과 위협 때문에 부모들은 딸을 집에 있게 하거나 학교에서 데려올 정도로 두려움을 느낍니다. 일례로 알 샤바브가 소말리아의 한 학교에서 열두 명의 소녀를 납치하자, 150명의 여학생이 학교를 그만두었습니다. 비록 끔찍한 사건이 수없이 발생하지만, 다행스럽게도 이렇게 우리가 공유할 수 있는 성공적인 이야기도 많습니다.

아이티의 **와들리**

배움을 향한 간절한 마음

일곱 살 와들리의 얼굴엔 미소가 가득합니다. 무너진 건물 잔해 속을 지나 가족이 쓸 물을 양동이에 길어 나를 때조차 웃음을 잃지 않았습니다. 와들리는 2010년 아이티에서 발생한 지진으로 집이 파괴돼 텐트촌에서 지냈습니다. 물을 길러 가던 중에 와들리는 자신이 다니던 학교를 봤습니다. 지진에 학교도 파괴되긴 마찬가지였습니다. 다시 학교 책상에 앉아 공부도 하고 친구들도 보고 싶은 마음이 간절했습니다. 그러나 지진 때문에 모든 것이 달라졌습니다. 얼마 후, 텐트촌에 임시 학교가 생겼지만 수업료를 내야 했습니다. 와들리 집은 학비를 낼 형편이 아니었습니다. 와들리는 〈걸 라이징〉 제작진에게 학교에 다니며 숙제를 하고 수업을 듣던 때가 정말로 그립다고 말했습니다. 또 친구들과 비사치기나 줄넘기를 했던 야외 활동 시간도 그립다고 말했습니다.

아이티는 북아메리카 카리브해 히스파니올라섬의 서쪽 부분에 있는 국가입니다. 히스파니올라섬의 약 3분의 1은 아이티의 영토이며, 섬의 나머지 지역은 도미니카공화국에 속합니다. 2010년 1월 12일, 아이티에서 발생한 지진은 지진 규모 10단계 중 7.0이었습니다. 이후 2주 동안 50여 차례 여진이 이어졌습니다. 이 지진으로 10만여 명이 숨지고 100만여 명이 집을 잃었습니다.

와들리가 사는 수백 개의 텐트촌은 플라스틱과 합판으로 된 임시 구조물로 급하게 지어졌습니다. 갑자기 많은 사람이 집을 잃고 텐트촌으로 옮겨 오면서 아이티상황은 급속도로 나빠졌습니다. 이 비극이 발생하기 전에도 아이티는 경제가 어려워 교육을 포함해 국민의 생활이 전반적으로 힘든 상황이었습니다. 자격을 갖춘 교사나 교육 물자가 부족하며 공교육 예산은 거의 없었습니다.

다른 많은 빈곤 국가와 마찬가지로 아이티의 각 가정은 교육비를 감당하기 매우 어려울 만큼 형편이 좋지 않습니다. 특히 소녀 교육을 지원하는 일은 더 어렵습니다. 와들리와 〈걸 라이징〉 제작진의 인터뷰를 도운 아이티 출신 작가 에드위지 당티카(Edwidge Danticat)는 "아이티의 가정에서는 소득의 20% 정도를 자녀 교육비로 씁니다. 그래서 형편이 매우 어려운 가정은 자녀 중에서 학교에 보낼 아이를 선택해야 합니다. 보통 남자아이가 학교에 갑니다. 그렇게 되면 여자아이는 뒤처집니다. 이것은 사회 전체가 뒤처지는 것이라고 볼 수 있습니다."라고 말했습니다.

텐트촌 생활은 참담했습니다. 수천 명이 엉성하게 구분된 공간에 꽉 들어찼습니다. 위생 시설도, 안전 설비도 없었습니다. 특히 여성들이 위험했습니다. 성폭행 사건이 자주 발생하는데, 전기 시설이 없고 조명도 거의 없어서 여성들은 밤에 화장실에 가다가도 공격받기 쉬웠습니다. 텐트촌에서 와들리 가족은 여러 번 위험한 순간을 겪었습니다. 몇 주 후, 운 좋게 와들리 가족은 인근 대학의 기숙사 방 하나로 이사할 기회를 얻었습니다. 좀 더 쾌적하고 안전한 공간으로 옮긴 것입니다. 비록 작은 방 하나에 가족 일곱 명이 모두 함께 지냈지만, 문도 잠글 수 있고 지붕도 튼튼하고 잠자리도 깨끗했습니다.

웃음을 좋아하는 몽상가

와들리는 힘든 상황 속에 있었지만 에드위지 작가와 〈걸 라이징〉 제작진과 함께하는 동안 항상 빛나게 미소 지었습니다. 이러한 와들리의 태도는 리처드 로빈스 감독이 아이티에서 많이 접한 모습이었습니다. 리처드 감독은 현장 노트에 이렇게 기록했습니다.

"집을 잃은 아이티 사람들로 가득 찬 텐트촌을 둘러보고 인상에 남은 모습을 기록한다. '머리에 낡은 플라스틱 통을 이고 물을 나르는 소녀의 곧은 등' '임시 가게의 간판을 다시 칠하는 남자의 바쁜 손' '이웃이나 친구, 낯선 사람들 사이에서 나누는 부드러운 크레올어 인사말 소리' 'Tout bagay posib-kwe'라고 벽에 쓰인 낙서……. 나는 낙서의 의미를 물었다. 그 뜻은 이랬다. 모든 것은 가능하다. 믿어라."

와들리는 이와 같은 정신의 훌륭한 본보기이며, 웃음을 좋아하는 몽상가입니다. 와들리는 자신이 애슐리라고 부르는 인형을 가지고 논다고 이야기하면서 깔깔 웃음을 터뜨립니다. 인형은 절대 울지 않고 항상 행복하다고 덧붙입니다. 에드위지 작가는 와들리의 밝고 낙천적인 성격이 상당히 인상적이었다고 했습니다. 에드위지 작가와 와들리는 일상과 학교생활, 미래에 이루고 싶은 꿈에 관해 이야기를 나눌 기회가 있었습니다. 와들리와 같은 나이의 딸이 있는 에드위지 작가는 와들리 가족이 서로 아끼고 사랑하는 모습에 감동했습니다. 와들리는 귀엽고 똑똑하며 공상하길 좋아했습니다. 와들리의 이런 모습에 에드위지 작가는 자신의 딸이 생각났습니다. 와들리는 어서 다시 학교로 돌아가고 싶어 했습니다. 에드위지 작가는 와들리에게 학교에 다시 다니지 못하게 된다면 어떻게 할 것인지 물었습니다. 와들리는 누군가가 (수업료를 내지 못한 자신도) 수업을 들어도 된다고 허락할 때까지 학교에 계속 갈 것이라고 대답했습니다.

에드위지 작가는 "내게 와들리는 아이티의 희망 그 자체입니다. 지진의 폐허 속에서도, 텐트촌의 위험 속에서도, 한동안 학교에 다니지 못한 상황 속에서도 와들리 내면의 불꽃은 꺼지지 않았습니다. 와들리는 아직 어리고 희망을 이룰 시간이 충분합니다. 여러 장벽을 극복할 수 있을 것입니다. 와들리는 아름답고 신비로우며 희망에 가득 찬 소녀입니다."라고 말했습니다.

아이티의 와들리

학교 대신 쓰레기 매립장에 가는 소녀

또 한 명의 아름답고 신비로운 소녀, 소카는 동남아시아 인도차이나반도 남서부에 있는 캄보디아 프놈펜에 살았습니다. 소카는 희망이라고는 없는 상황이었습니다. 소카의 집은 메탄가스를 풍풍 내뿜는 쓰레기 매립장이었습니다. 파리와 구더기, 모기가 우글거렸습니다. 쓰레기가 타면서 생긴 매캐한 연기가 공기 중에 가득하고 악취가 진동했습니다.

2009년, 캄보디아 정부가 스퉁민체이 쓰레기 매립장을 폐쇄하기 전까지 매일 그곳에서는 참혹한 광경이 펼쳐졌습니다. 어른, 아이 할 것 없이 수많은 사람이 쓰레기 더미를 뒤져 쓸 만한 물건을 찾는 일을 했습니다. 사람들은 매립장 한 귀퉁이 판잣집에 살며 쓰레기 더미에서 녹슨 못, 깨진 유리, 버려진 바늘 등을 끊임없이 골라냈습니다. 몇몇 사람들은 슬리퍼를

아직 운영 중인 캄보디아의 시엠레아프 쓰레기 매립장

신기도 했지만 대부분은 맨발로 다녔습니다. 그곳 사람들은 불결한 환경과 각종 세균 때문에 건강도 좋지 않았습니다. 트럭이 쓰레기를 쏟아부으면 사람들은 새로운 일감을 향해 달려들었습니다. 쏟아져 내리는 쓰레기 더미에 파묻히거나 트럭에 치이지 않도록 알아서 조심해야 했습니다. 밤에는 상황이 더 나빴습니다. 불빛이라곤 하나도 없어서 위험한 물건을 피하기 힘들었습니다. 트럭은 계속 쓰레기를 쏟아 냈습니다.

아홉 살 소녀 소카도 그곳의 많은 아이처럼 쓰레기를 뒤져 돈이 될 만한 것을 찾는 일을 했습니다. 쓰레기 더미 속을 걸을 때마다 날카로운 것에 베이고 타다 남은 불씨에 데었습니다. 소카의 다리에는 그때 생긴 흉터가 아직 남아 있습니다.

2008년, 소카는 쓰레기를 뒤지던 중 미국인 사진작가 빌 스미스(Bill Smith)를 만났습니다. 빌은 이전에도 수차례 캄보디아를 방문해서 여러 지역의 모습을 사진에 담았습니다. 아내와 함께 왔던 2002년, 운전을 맡긴 현지 운전기사가 캄보디아 아이들을 보고 싶지 않은지 물었습니다. 빌이 보고 싶다고 하자 운전기사는 이 부부를 스퉁민체이 쓰레기 매립장으로 데려갔습니다. 빌의 이 방문으로 수많은 사람의 삶이 달라졌습니다.

항상 내 삶은 의미 없다고 생각했어요

빌은 이미 캄보디아 전역에 걸친 황폐한 광경을 목격했지만, 스퉁민체이의 참상에 비하면 아무것도 아니었습니다. 그날 밤, 빌 부부는 호텔로 돌아와 넋을 잃고 멍하니 앉았습니다. 낮에 목격한 모든 모습을 떠올리려 애썼습니다. 그날 빌은 빨간 모자를 쓴 한 소녀를 사진에 담았습니다. 그 소녀가 계속 머릿속에 남았습니다. 쓰레기를 줍는 아이였습니다. 사진을 계속 들여다봤습니다. 빌은 그 소녀를 찾으러 다시 쓰레기 매립장으로 향했습니다.

빌은 마침내 소녀를 찾았습니다. 아홉 살이고 이름은 스레이나였습니다. 스레이나의 언니 살림도 만났습니다. 통역사의 도움을 받아 스레이나 자매의 어머니와 이야기를 나눴습니다. 빌은 스레이나 어머니에게 자매를 쓰레기 매립장에서 일을 시키지 않는다면, 이곳에서 버는 돈 10~12달러를 자신이 매달 보내 주겠다고 했습니다. 대신 자매를 쓰레기 매립장 인근에 있는 학교에 보내기로 했습니다. 자매는 영어를 쓰는 학교에 입학해서 공부를 시작했습니다.

빌은 여행을 마치고 미국으로 돌아가, 모금을 하기 위해 친구들에게 연락했습니다. 곧

빌과 친구들은 점점 더 많은 아이를 스퉁민체이 쓰레기 매립장 대신 학교로 보냈습니다. 빌은 아이들을 계속 지원하면서 2006년에는 '어 뉴 데이 캄보디아(A New Day Cambodia)'라는 NGO를 세웠습니다. 이 단체는 쓰레기 매립장에 사는 아이들의 의식주 해결과 교육을 지원하기 위해 헌신했습니다.

빌이 소카를 만나는 것은 시간문제였습니다. 쓰레기 매립장으로 오기 전, 소카는 이미 힘든 일을 많이 겪었습니다. 어머니는 소카가 어렸을 때 돌아가셨고 아버지가 일자리를 구하지 못해 가족들이 6개월이나 길거리에서 살았습니다. 아버지까지 돌아가시자 소카는 고아가 됐습니다. 소카와 자매 한 명, 이렇게 두 명의 아이는 자신들의 운명을 스스로 책임져야 했습니다. 소카는 "다른 방법이 없었어요. 쓰레기 매립장에서라도 일할 수밖에 없었어요. 거긴 끔찍한 곳이에요."라고 CNN 인터뷰에서 말했습니다.

소카는 자신의 일상을 담은 영상 속에서 "항상 내 삶은 의미 없다고 생각했어요. 책가방이나 책을 들고 학교에 간 적이 없어요. 대신 쓰레기 자루를 들었어요. 너무 배가 고파서 매일 (쓰레기 속을 뒤져서) 먹다 남은 음식을 찾아 먹었어요. 거기서 3년을 일했어요."라고 말했습니다. 그러던 어느 날, 빌이 카메라를 들고 나타났습니다.

난 씩씩하고 똑똑한 소녀예요

그날 빌은 카메라에 소카의 모습을 담았습니다. 곧 소카는 자신에게 기적 같은 질문을 해 볼 수 있었습니다. '내가 학교에 다니고 싶었나?' 소카는 그때를 생생하게 기억합니다. 그러면서 〈걸 라이징〉 제작진에게 "처음 학교에 들어섰을 때는 좀 두려웠어요."라고 이야기했습니다. 그러나 소카는 학교생활에 적응했고 학교에 있는 책을 전부 읽어 볼 수 있어서 기뻤습니다. 학교에는 소카가 전에는 전혀 몰랐던 편리한 시설이 많았습니다. 학교는 정말 멋진 곳이었습니다.

소카는 규칙적으로 생활했습니다. 새벽 4시 30분에 일어나 잠자리를 정리하고 밖으로 나갔습니다. 가볍게 운동하고 돌아와 샤워를 하고 공부를 시작했습니다. 공부 얘기가 나오자 소카는 "책 읽는 게 좋아요."라고 말하며 표정이 밝아졌습니다. 소카는 열심히 공부한 덕분에 2010년 캄보디아 어린이 교육 재단의 장학금을 받고 캄보디아에서 최고 학교로 손꼽히는 자만국제학교에 입학했습니다.

소카와 〈걸 라이징〉 작가 로웅 웅

　　〈걸 라이징〉 제작진은 2011년에 소카를 알게 됐습니다. 영화 촬영을 위해 소카와 캄보디아 출신 작가 로웅 웅(Loung Ung)이 한 팀을 이뤘습니다. 로웅 작가는 캄보디아에서 나고 자랐지만 지금은 미국에 삽니다. 로웅 작가는 소카의 이야기를 전하는 일을 돕기 위해 고국 캄보디아를 방문했고, 학교에 3년째 다니던 소카를 만났습니다. 소카의 생활은 쓰레기 매립장에 살던 때와는 완전히 달랐습니다. 소카는 로웅 작가에게 자신이 기억하는 변화를 이야기했습니다. "어릴 적에는 다른 사람들을 상대하는 게 두려웠어요. 하지만 지금 난 씩씩하고 똑똑하고 상냥한 소녀예요. 학교에 온 첫날, 면담하러 교장실에 갔어요. 나는 A, B, C 알파벳부터 시작했어요. 정말 행복했어요. 그때 처음 영어를 배웠어요."

　　소카는 남편이나 아버지와 동행하지 않고 혼자 세계를 여행하는 로웅 작가가 자신과 공통점이 있긴 할지 의심이 들었다고 합니다. 전형적인 캄보디아 소녀, 소카에게는 다소 낯선 모습이었기 때문입니다. 그러나 소카와 로웅 작가는 서로 친해지면서 큰 공통점을 발견했습니다. 두 사람 모두 어린 시절에 비극적인 일을 겪었고 아주 어린 나이에 부모님을 잃었습니다.

캄보디아에서 극악무도한 대량 학살이 발행한 1975~1979년, 군인들이 로웅 작가의 부모님과 자매 두 명을 죽였습니다. 때때로 로웅 작가와 소카는 눈을 감고서 돌아가신 부모님에게 자신들의 안부를 전하는 모습을 조용히 상상한다고 했습니다. 로웅 작가와 소카는 〈걸 라이징〉 인터뷰 촬영을 하던 중 우연히 서로 어깨가 부딪치자 크게 웃음을 터뜨렸습니다. 둘 사이의 우정이 여실히 드러났습니다. 또한 두 사람은 '착한 귀신 이야기'를 좋아한다는 공통점이 또 하나 있었습니다.

더 나은 삶을 살 기회

로웅 작가는 "소카는 담대합니다. 소카와 난 인생관이 비슷해서 친해졌어요. 난 소카의 회복력과 기품, 침착성을 높이 삽니다."라고 말했습니다. 소카가 학교에서 잘 지낼 수 있었던 것은 침착성과 성숙함 덕분입니다. 소카는 공부를 잘해서 일부 저학년 학생들의 공부를 도와주기 시작했습니다. 매주 토요일과 일요일마다 영어와 문법을 가르쳤습니다.

간혹 로웅 작가는 소카가 학생들 사이에서 본보기가 되는 바람에 너무 큰 부담감을 느끼는 것은 아닐지 걱정합니다. 로웅 작가가 소카에게 "어린 여학생들이 너를 존경하는 게 느껴져. 네가 큰 언니 같을 거야. 친절하게 잘 가르쳐 주니까. 학생들이 네 어떤 점을 바라본다고 생각하니?"라고 물었습니다. 소카는 "어쩌면……, 내가 왜 똑똑하고, 왜 친절한지 생각하지 않을까요? 또 어쩌면 나처럼 되고 싶다고 생각할지도 모르고요."라고 대답했습니다.

리처드 로빈스 감독도 소카의 성취와 강인한 성격이 인상 깊었다고 이야기합니다. 리처드 감독은 현장 노트에 이렇게 기록했습니다. "우리 제작진이 캄보디아에 있는 동안에 어떤 별과 같은 존재가 소카를 무겁게 짓누른다는 사실이 분명했다. 가족 중 아무도 소카에게 더 나은 삶을 살 기회를 주지 않았다. 소카는 이루 다 말할 수 없는 비극을 견뎠을 뿐 아니라 지금은 커다란 기회 안에서 엄청난 부담을 느낀다. 소카가 특별한 점은 이 모든 것을 너무도 잘 이해하는 것처럼 보인다는 사실이다."

로웅 작가가 소카에게 꿈을 묻자, 소카는 이렇게 대답했습니다. "교사가 되고 싶어요. 학교를 세워서 배우고 싶어 하는 모든 학생을 받아 줄 거예요." 앞으로 어떤 미래가 펼쳐질지 알 수 없지만, 소카는 자신이 세운 목표를 이루기 위해 최선을 다하기로 다짐했습니다.

교복을 입고 교실에 있는 소카

예술의 힘

소카의 춤

캄보디아에는 7세기 이래로 이야기를 담은 전통 춤, '압사라'가 전해 내려옵니다. 압사라는 캄보디아를 방문한 외국인을 환영하는 의미로 공손하고 친절하며 예의 바른 숙녀의 모습을 표현합니다. 1950~1960년대 캄보디아의 학교에서는 매년 말 최우수 학생을 기리기 위해서 압사라를 공연했습니다. 보통 캄보디아 소녀들은 아주 어릴 때부터 압사라를 배웁니다. 그렇게 해야 손목과 발에 유연성이 충분히 길러져 나이가 들어도 섬세한 움직임을 요하는 이 춤을 완벽하게 공연할 수 있기 때문입니다.

소카는 어릴 때 압사라를 배울 기회가 없었지만, 학교에 다니면서 2년 동안 수업을 받았습니다. 소카는 삼촌과 다른 가족이 살았던 마을에 가서 압사라 공연을 하며 돌아가신 부모님을 기렸습니다. 또한 소카는 〈걸 라이징〉 제작진에게도 자신의 춤을 보여 주고 싶어 했습니다.

2011년 소카는 압사라 공연을 위해 미국 뉴욕에서 열린 세계여성정상회의에 초청받았습니다. 우선, 청중은 소카가 스퉁민체이 쓰레기 매립장에서 생활하던 모습과 그곳을 떠난 후의 변화를 담은 짧은 영상을 봤습니다. 곧이어 우아한 압사라 전통 의상을 입은 소카가 무대에 등장해 공연을 시작했습니다. 소카의 섬세하면서도 강렬한 춤사위에 청중은 환호했습니다.

페루의 세나

가장 가난한 사람들

캄보디아의 소카가 검은 연기를 내뿜는 쓰레기 더미 산에서 벗어날 수 있었던 것처럼, 페루에 위치한 라린코나다의 한 소녀도 해발 5000m 높이의 황량한 애나니아산에서 다시 일어섰습니다. 라린코나다는 공기가 희박해 숨 쉬기가 힘들며, 사람이 사는 곳으로는 세계에서 가장 높은 지역입니다. 바로 여기에서 세나가 삽니다. 소문에 따르면 수백 년 전, 애나니아산에서 값비싼 금덩어리가 발견되었다고 합니다. 이에 금으로 부를 이루려는 광부들이 몰려들었고, 라린코나다의 인구가 지난 5년 동안 세 배나 늘었습니다. 현재 이 척박한 지역에 8만명이 모여 삽니다. 오늘날, 생계를 위해 광부들은 고갈된 갱도에서 금을 긁어모으려 애씁니다. 이것은 상당 부분 '비공식적' 채굴, 다시 말해 불법입니다. 상품성 있는 금은 희귀해서 소득을 얻기가 거의 불가능합니다. 페루 경제는 전반적으로 건전하지만 라린코나다의 재정은 거의 파탄이 난 상태라 아마 회복이 불가능할 것입니다.

다양한 야생동물이 서식하며 아름다운 경관이 펼쳐졌던 라린코나다는 가난에 시달리는 사람들이 사는 지역으로 변했습니다. 얼기설기 지은 양철 판잣집들이 점점이 흩어져 산비탈에 매달렸습니다. 채굴 작업 탓에 오수와 유독 물질이 발생해 식수가 오염됐습니다. 주위에 넘쳐 나는 쓰레기 때문에 〈걸 라이징〉 제작진은 세나의 인터뷰 장면을 흑백으로 촬영하기로 했습니다. 덕분에 갖가지 색깔의 쓰레기 더미가 화면을 어지럽히지 않았

페루의 라린코나다

습니다. 세나와 이야기를 나누고 영화를 촬영하기 위해 페루 출신 마리 아라나(Marie Arana) 작가가 〈걸 라이징〉 제작진과 함께 라린코나다를 방문했습니다. 그리고 빈곤 극복 프로젝트를 지원하는 세계적인 구호 단체 케어(CARE: Cooperative for Assistance and Relief Everywhere)도 함께했습니다.

다음은 마리 작가의 눈에 비친 라린코나다의 모습입니다.

"숲은 사라지고 대지는 변했다. 멀리 보이는 빙하로 다가가자, 달 표면처럼 움푹 파인 지형이 나타났다. 분홍빛 녹물이 고인 구덩이 여기저기에서 사이안화칼륨(청산가리) 냄새가 지독하게 풍긴다. 냄새가 엄청나게 심하다. 타거나 썩는 냄새, 사람 배설물 냄새보다도 더 심한 악취다. 빙하 지대의 추위도, 영구동토 층(1년 내내 얼어 있는 토양층−옮긴이)의 매서운 바람과 눈보라도 이 냄새를 막지 못한다. 산에 오르면, 악취로 질식할 것 같은 폐허에 쓰레기가 산더미처럼 쌓였다. 비쩍 마른 몰골의 사람들이 하릴없이 그곳을 헤집는다. 한 걸음 더 들어가 보면, 양철과 돌로 만든 판잣집들이 나타난다. 집은 70도로 비스듬히 기울었다. 땅바닥은 언제나 진흙탕이고, 절벽에 난 여러 개의 검은 구멍으로 사람들이 줄지어 끊임없이 들락거린다. 가파르고 구불구불한 길을 따라가다 보면, 폭이 넓은 치마를 입은 여자들이 광산에서 내다 버린 돌덩이들을 이리저리 뒤적거리는 모습이 보인다. 걸어 다닐 나이쯤 된 아이들은 작은 가방 대신 돌을 가득 담은 커다란 가방을 어깨에 메고 다닌다."

아버지는 항상 우리 뒤에 있었다

〈걸 라이징〉 제작진이 만난 열네 살 소녀 세나도 그런 아이들 중 한 명이었습니다. 세나는 가방 한가득 돌을 날랐습니다. 그리고 다른 많은 짐의 무게와 씨름했습니다. 이미 빈곤한 사람들이 모여 사는 곳이지만, 이곳에서도 세나 가족이 가장 가난했습니다. 세나는 열 살 여름 주말에 마을 공중화장실 두 곳 중 한 곳에서 일을 시작했습니다. 대소변이 쌓인 아주 더러운 화장실을 청소해야 했습니다. 화장실에 사람이 오면, 작고 네모난 화장지를 건네고 돈을 받았습니다. 돈을 잘 계산해 두었다가 이 일을 맡긴 사람에게 전달했습니다.

너무나 힘든 일이었지만 세나는 돈을 세는 잠깐 동안은 즐거웠다고 합니다. 수학을 좋아하는 세나에게는 계산 실력을 기를 작은 기회였기 때문입니다. 세나는 언젠가 엔지니어가 되겠다는 자신의 꿈을 생각하면서 그 일을 계속했습니다. 세나는 돈을 벌기 위해 무슨 일이

어머니와 남동생과 함께 사진을 찍은 세나

든 했습니다. 길거리에서 사람들에게 물을 팔았습니다. 헛된 줄 알면서도 작은 금 조각이라도 찾으려고 광산에서 나온 암석을 깨부수기도 했습니다. 어머니가 만든 젤리를 파는 일도 도왔습니다.

세나는 공립학교에 다녔지만, 교통이 불편해 학교에 가기도 힘들고 때로는 일을 하느라 결석을 했습니다. 학용품과 교복 비용도 문제였습니다. 세나가 번 돈 대부분은 아버지의 약값으로 썼습니다.

수십 년 전, 세나 아버지는 금광에 희망을 걸고 라린코나다로 왔습니다. 그때 아버지는 건강했습니다. 거기서 세나 어머니를 만났습니다. 세나가 태어나고 몇 년 후, 아버지가 일하던 갱도가 무너졌습니다. 아버지는 도망쳤지만 심하게 다쳐 더 이상 광산에서 일을 할 수 없었습니다. 갑작스럽게 닥친 위기로 온 가족이 나서서 일을 해야 했습니다. 다행히 아버지는 요리를 할 수 있었습니다. 다섯 살 세나는 아버지가 정성 들여 만든 음식을 파는 일을 도왔습니다. 세나 가족은 좁은 주방에 모여 함께 요리하면서 이야기를 나누었습니다. 글을 몰랐던 아버지는 자녀를 교육하는 것이 가난한 삶에서 빠져나오는 유일한 방법임을 알았습니다. 아버지는 이런 생각을 딸에게 전했습니다.

아버지는 건강이 더 나빠져 도움 받을 곳을 찾아 산을 내려갔습니다. 그때 세나는 열 살이었습니다. 세나는 아버지가 다시 한 번 간절히 보고 싶었지만 세나가 사는 곳은 차편이 거의 없었습니다. 겨우 버스를 타고 아버지가 계신 곳에 도착했을 때에는 이미 아버지가 세상을 떠난 뒤였습니다. 세나와 아버지는 언제나 가깝게 지냈습니다. 아버지가 곁에 없자 세나의 삶에 커다란 구멍이 뚫렸습니다. 세나는 〈걸 라이징〉의 지나 네미로프스키 프로듀서에게 "아버지는 우리를 많이 아끼고 사랑하셨어요. 아버지는 학교에 다닌 적 없지만, 우리한테 수학도 가르쳐 주고 좋은 얘기도 많이 해 주셨어요. 아버지는 항상 우리 뒤에 계셨어요. 인생을 바르게 살아야 한다고 조언해 주셨어요."라고 말했습니다.

대화 도중에 불쑥 읊은 시

세나가 학교에 갈 수 있을 때에 간 것만도 잘한 일이었습니다. 마리 작가는 "라린코나다에서는 아이들을 전혀 돌보지 않아요. 될 대로 되라는 식이죠. 여기엔 어떤 법도 없어서 아이들이 학교에 무단결석해도 찾는 사람이 없어요. 아무도 신경 쓰지 않죠. 교육보다 일이 우선이에요. 사람들은 생존에만 매달려 있어요."라고 이야기합니다. 그래도 세나는 교육 환경이 더 좋은 학교에 다니길 간절히 바랐습니다. 그러나 세나는 그런 학교에 다닐 만한 형편이 아니었습니다. 한편, 세나는 시를 향한 자신의 열정이 자신과 가족을 더 나은 삶으로 이끌 수 있다고 생각해 본 적이 없었습니다. 그러나 세나의 열정은 여러 학생 중에서 단연 돋보였을 뿐 아니라 〈걸 라이징〉 제작진과의 만남으로 이끌었습니다.

세나는 영화 제작진과 인터뷰하면서 흥미로운 이야기를 많이 했습니다. 세나는 자신의 고통을 생생히 전하며 목소리가 갈라졌습니다. 차갑고 빨갛게 튼 뺨 위로 하염없이 눈물이 흘렀습니다. 세나는 너무 가난해서 학교에서 수업 외에 다른 활동에는 참여하지 못합니다. 이 때문에 다른 학생들에게 따돌림을 당하면 얼마나 힘든지를 털어놓았습니다. 시력이 나빠칠판 글씨가 잘 보이지 않고, 책을 읽을 때 글자가 두 개씩 겹쳐 보이는 것도 이야기했습니다. 사랑하는 아버지를 잃고 얼마나 충격이 컸는지도 말했습니다. 마리 작가는 "대화 도중에 세나가 불쑥 시를 읊은 거예요. 가장 놀라운 점은 이렇게 어렵고 힘든 상황 속에서도 이 아이는 어떤 아름다운 것을 좋아한다는 사실이에요."라고 세나의 인터뷰를 회상했습니다.

세나가 시를 낭송하는 모습은 놀라웠습니다. 마치 매혹적인 가수가 노래하는 모습과 비슷했습니다. 시가 세나를 의자에서 일으킵니다. 세나는 시어의 동작에 따라 몸을 움직이고 시의 힘에 따라 목소리가 커지고 작아집니다.

세나가 암송한 시 중에 몇 편은 페루의 위대한 시인 세사르 바예호(César Vallejo)의 「검은 사자들」 같은 다른 사람의 작품이지만, 그 외의 시는 모두 세나의 작품입니다. (영화 〈걸 라이징〉에는 세나의 시 낭송 장면이 나옵니다.) 세나는 재능 있는 시인입니다. 뛰어난 감성과 기교로 자신의 경험과 감정을 표현합니다. 세나의 능력은 이뿐만이 아닙니다.

세나 안에 호랑이가 한 마리 있다

이렇게 열악한 환경 속에서도 세나는 자신뿐만 아니라 지역사회를 위해 큰 꿈을 꿉니다. 지나 프로듀서는 세나에게 만약 라린코나다의 시장이 된다면 이곳을 위해 무엇을 할지 물었습니다. 그러자 세나는 완전히 다른 모습을 보였습니다. 라린코나다의 과도한 음주 문화부터 어린 소녀들이 생계를 위해 매춘부로 일하는 사창가 문제에 이르기까지, 빈곤 때문에 발생하는 처참한 파괴를 이야기했습니다. 세나는 "술과 술집을 없애는 일에 집중할 거예요. 소녀들이 자신을 파는 모습을 보고 싶지 않아요."라고 덧붙였습니다.

지나 프로듀서는 또 세나에게 20년 후 어떤 모습을 꿈꾸는지 물었습니다. 세나는 "내 사업을 할 거예요. 직원을 관리하고 일이 잘 진행되도록 하고, 주택 건설 방법에 관한 의견과 아이디어를 제공하고 싶어요. 만약 내가 성공하면 다른 사람들도 좀 더 쉽게 성공할 수 있게 돕고 싶어요. 나만 생각하지 말고요."라고 대답했습니다. 지역사회에 도움을 주고 싶은 세나의 생각이 담긴 구상이 하나 있습니다. 쓰레기를 재활용하여 라린코나다를 좀 더 깨끗하고 안전한 곳으로 만드는 것입니다.

또한 지나 프로듀서는 세나에게 엔지니어가 된 후에 라린코나다로 돌아올 것인지 물었습니다. 세나는 "그럼요. 돌아올 거예요. 내 지식과 내가 배운 모든 것을 활용해서 이곳 상황을 개선할 거예요. 라린코나다의 주거와 교통 환경을 개선하고 싶어요. 도로나 차량도 마찬가지고요."라고 자신의 생각을 밝혔습니다. 세나의 대답에 지나 프로듀서도 "넌 충분히 그렇게 할 수 있다고 생각해. 사람들이 너를 기다릴 거야."라고 말했습니다. 세나는 고개를 끄덕이며 미소 지었습니다.

마리 작가는 "가장 인상 깊은 점은 세나의 엄청난 강인함이에요. 어디에서 그런 힘이 생기는지 모르겠어요. 세나 안에 호랑이 한 마리가 있어요."라고 말했습니다. 세나는 정말 강인합니다. 세나는 어디에서 그런 힘을 얻느냐는 질문에 "내 가족과 심장과 생각에서요."라고 대답했습니다. 세나는 비슷한 처지에 있는 다른 소녀들이 자신의 경험을 배우고 자신을 '따라오기'를 희망합니다. 세나가 말한 대로, 자신은 지금 '승리, 승리, 승리'를 향해 가고 있으니까요.

시 낭송 대회 수상을 기념하여
〈걸 라이징〉 제작진이
세나에게 선물한 메달

링컨 센터에서 공연 중인 세나

a hope, a dream ...
You, father, who know my sadness, my pain,
you who understand what it is to decay in a lifeless body,
you, who gave me a blazing ray of light.

예술의 힘

세나의 시

2014년 4월 세나는 미국 뉴욕에서 열린 제5차 세계여성정상회의에 초청받았습니다. 세나는 자신의 이야기를 공유하면서 더불어 자작시 하나를 낭송했습니다. 돌아가신 아버지를 기리며 2012년 6월에 지은 「아버지」라는 작품입니다.

세나에게 시 쓰는 법을 알려 준 사람은 아버지였습니다. 아버지가 자신을 위해 시 한 편을 써 달라고 부탁한 것이 시작이었습니다. 아버지의 칭찬과 격려 속에 세나는 시 쓰기를 게을리 하지 않았습니다. 그리고 학교에서는 교사 한 분이 영감을 주었습니다. 공연을 목적으로 시 암송을 지도하는 교사였습니다. 세나가 시 암기와 낭송 기법을 연습하던 일을 떠올리며, "처음엔 손동작을 제대로 못했어요. 하지만 세 번째 할 때는 꽤 잘한 것 같아요."라고 말했습니다. 세나는 낭송을 매우 잘해서 교내 대회에서 2위를 차지했습니다.

세계여성정상회의가 열린 링컨 센터 무대에서 세나는 스페인어로 시 낭송을 했습니다. 청중을 위해 무대 뒤 대형 화면에 영어로 번역한 자막을 띄웠습니다. 세나는 무대 저편 위쪽으로 팔을 들어 올리고 바닥에 무릎을 꿇었습니다. 몸을 항상 시의 리듬에 맞춰 움직였습니다. 진정한 예술가의 모습을 보여 줬습니다.

〈걸 라이징〉 제작 초기 인터뷰에서 지나 프로듀서는 세나에게 왜 시가 중요한지 물었습니다. 세나는 "내 안에 있는 슬픔을 표현하는 방법이니까요."라고 망설임 없이 대답했습니다. 그 슬픔은 어디에서 왔을까요? 지나 프로듀서는 "내 심장에서."라는 세나의 대답을 받아 적었습니다. 여기 세나의 심장에서 태어난 시를 선보입니다.

아버지

아버지!
내 슬픔을 아는 아버지
내 고통을 이해하는 아버지
생명 없는 몸으로 스러진 아버지
하나 내게 찬란한 빛을 남긴 아버지

희망 하나와 꿈 하나……
내 고통의 길에 등불이 되어 준 아버지
당신의 사랑을 바라고 또 바라며
부족하다 여기는 이 마음 거두어
당신의 큰 사랑을 깨닫게 해 준 아버지

아버지 당신을 사랑합니다.
이 빈약한 말로 수천 번 말했습니다.
지금도 아버지를 사랑합니다.
영원히 아버지를 잊지 않겠습니다.

Padre

¡O padre!
Tú padre, que conoces mis tristezas y
dolores, tú que entiendes la decadencia
de un cuerpo sin vida, tú que me
dabas todo un rayo de luz,

una esperanza, una ilusion . . .
tú, padre, que iluminas mi camino de
dolor, haz que sea menos la esperanza
de tu cariño para que me
das todo tu amor padre.

Te quiero, ya sabes que lo he dicho
mil veces, pero solo con estos pobres versos
te puedo querer ahora.
No, nunca te olvidaré.

인도의 **룩사나**

거리 생활자

위안을 삼기 위해서 세나가 시를 쓰듯, 룩사나는 펜으로 종이에다 그림을 그립니다. 길거리에 있는 천막집을 강가에 있는 아름다운 집으로 바꿔서 그리고는 자신이 그곳에 산다고 상상합니다. 〈걸 라이징〉 제작진은 월드비전의 도움으로 4학년에 재학 중인 열 살 룩사나를 만났습니다. 룩사나 가족은 인도의 한 시골 마을에서 대도시 콜카타로 이주했습니다. 가족은 고향을 좋아하고 그곳에서 행복하게 살았지만 룩사나 아버지의 일자리가 없었기 때문입니다. 아버지는 딸을 교육하는 것이 꿈입니다. 딸을 열두 살, 열세 살에 결혼시킬 수도 있지만 아버지는 그렇게 하고 싶지 않습니다. 룩사나 어머니는 열세 살에 결혼해 열네 살에 첫 아이를 낳았습니다.

룩사나 가족은 교육이라는 꿈을 이루기 위해 콜카타로 이사 온 것입니다. 다행히 아버지는 시장에서 사탕수수 주스 파는 일을 구했습니다. 그러나 아직 집을 살 형편은 되지 않았습니다. 콜카타에서 룩사나 가족은 거리 생활자입니다. 수니 타라포레바라(Sooni Taraporevala)는 〈걸 라이징〉에서 룩사나 이야기 부분의 촬영을 도운 인도 출신 작가입니다. 수니 작가는 "룩사나 가족은 전차가 다니는 매우 혼잡한 도로변에 산다. 지붕은 천막이고 거리가 방바닥이다. 외벽은 또 다른 천막인데 거기에 책가방이 걸려 있다."라고 룩사나가 사는 곳을 묘사했습니다.

룩사나의 집은 길 쪽으로 몇 발자국만 나가면 자동차가 쌩 지나갈 정도로 위험하기 짝이 없습니다. 룩사나 동생들은 몇 번이나 다쳤습니다. 또 범죄에도 취약하며 특히 장마철에는 홍수가 나서 매우 위험합니다. 거리는 1년 내내 살기에 지저분한 곳입니다. 〈걸 라이징〉의 마사 애덤스 프로듀서는 룩사나 집을 방문하고 나서 "물이 없다. 깨끗한 물은 더더욱 없다. 한 길 건너 화장실은 유료지만 하수로는 무료."라고 현장 노트에 기록했습니다.

거리 생활자는 길에 자리를 차지할 법적 권리가 없기 때문에 경찰은 언제든지 룩사나 가족을 단속해서 쫓아낼 수 있습니다. 예전에도 그랬듯이 경찰 단속반이 들이닥치면, 부모님은 자녀들에게 교복과 신발, 책가방만 챙기라고 합니다. 새로 살 여유가 없는 물건이기 때문입니다.

룩사나 어머니는 딸들을 위험한 거리에서 안전하게 지키지 못할까 봐 두렵습니다. 룩사나 자매도 마찬가지입니다. 콜카타에서 룩사나는 물론이고 마사 프로듀서와 리처드 감독이 만난 다른 인도 소녀들은 밤길에 남자들과 마주칠 때가 가장 무섭다고 했습니다. 딸들을 보호하기 위해 어머니는 밤마다 자매들을 보호소로 보냅니다. 룩사나 자매들은 보호소에 한 사람당 2루피(약 35원—옮긴이)를 내고 하룻밤 자며 그곳의 식사 준비와 청소를 돕습니다. 그러나 보호소로 가는 길마저도 어둡기 때문에 불안하긴 마찬가지입니다. 마사 프로듀서는 룩사나 어머니에게 밤에 딸들이 보호소로 가는 길을 한 번 따라가도 되는지 물었습니다. 그리고 마사 프로듀서는 공포를 목격했습니다. 마사 프로듀서는 "룩사나 자매 세 명은 서로서로 손을 잡고 부서진 포장도로를 따라 걷는다. 사나운 개를 노려보며, 잠든 인력거꾼 무리를 지나고, 담배를 물고 카드 게임을 하는 남자들을 지나쳐, 쓰레기 더미를 돌아간다. 어둡다. 이곳은 어린 소녀 세 명이 있을 데가 아니다. 하지만 매일 이곳을 걸어서 보호소로 간다."라고 기록했습니다.

영화가 모든 아이를 돕는다면

룩사나 어머니는 마사 프로듀서를 비롯해 영화 제작진을 저녁 식사에 초대했습니다. 마사 프로듀서는 "룩사나의 천막집에 도착했을 때, 우리는 신발을 벗고 안으로 들어섰다. 실내는 한증막이다. 나는 어둠에 익숙해져야 했다. 월드비전 대표와 통역사, 룩사나와 형제자매들, 룩사나 어머니, 나, 이렇게 우리 모두 무릎 꿇고 앉았다."라고 그때의 인상을 기록했습니다. 다 함께 룩사나 어머니가 준비한 식사를 맛있게 먹었습니다. 마사 프로듀서는 룩사나가 인도 대표로 영화에 출연하게 허락해 준 어머니에게 다시 감사를 표했습니다. 그때, 룩사나 어머니는 딸의 영화 참여에 관한 대화 도중 처음으로 망설이는 모습을 보였습니다. 룩사나 어머니는 마사 프로듀서에게 룩사나의 영화 출연은 괜찮지만, 영화가 '룩사나가 사는 지역의 모든 아이를 돕는 일'이어야 한다고 말했습니다.

마사 프로듀서는 룩사나 어머니의 넓은 마음에 감동받았습니다. 마사 프로듀서는 전 세계 수많은 소녀를 가능한 한 많이 돕는 것이 이 영화의 목표라고 룩사나 어머니에게 설명했습니다. 사람들의 의식 개선에 힘쓰고, 소녀가 사는 지역사회와 협력하여 필요한 지원을 받

마사 애덤스 프로듀서와 인터뷰하는 동안 그린 그림을 보여 주는 룩사나

을 수 있도록 한다고도 전했습니다.

　룩사나는 마사 프로듀서에게 그림 그리기를 좋아한다고 했습니다. 마사 프로듀서는 룩사나에게 종이와 펜을 선물했습니다. 룩사나는 집을 그리고 싶다고 말하더니, 종이에 강가에 있는 아름다운 집을 그렸습니다. 강에 작은 보트가 떠 있고 강물 속에서 물고기가 헤엄쳤습니다. 룩사나는 마사 프로듀서에게 그림의 내용을 설명했습니다. 마사 프로듀서는 룩사나에게 지금 사는 곳을 그려 줄 수 있는지 물었습니다. 룩사나는 크고 현대적인 건물과 그 옆에 큰 나무를 그렸습니다. 근처에 사람이 한 명 서 있었습니다. 그러나 이곳은 자신의 집이 아니라고 했습니다. 자신의 집은 작으며 건물 옆에 있다고 했습니다. 통역사가 그림에 룩사나의 집을 그려 넣어 줄 수 있는지 물었습니다. 룩사나는 반달 모양의 플라스틱 지붕과 그 밑에 누워서 자는 소녀를 그렸습니다. 그림을 그리고 설명하면서 룩사나는 한 번도 슬픈 표정을 짓지 않았습니다.

룩사나 가족은 가진 것이 많지 않습니다. 그러나 룩사나에게는 소중한 것이 있습니다. 따뜻하게 서로를 위하는 가족입니다. 룩사나의 부모님은 자녀들이 더 나은 삶을 살기를 간절히 바랍니다. 딸들을 위해서 무엇이든, 어떤 희생이든 합니다. 자녀의 미래를 안정하게 보장하는 최선의 방법이 교육임을 알고 있습니다.

룩사나 가족은 빈곤으로 끔찍한 고통을 겪지만 서로 강하게 유대하며 행복하게 지냅니다. 룩사나 가족과 함께한 후, 수니 작가는 룩사나에게 어떤 조언을 해 주었느냐는 질문을 받았습니다. 수니 작가는 "룩사나는 정말 잘 지내요. 그래서 해 줄 말이 없어요. 오히려, 내가 어떤 상황에서도 행복하게 살 수 있다는 걸 배웠어요."라고 말했습니다.

거리 위 천막집에 있는 룩사나

교복을 입은 룩사나

시에라리온의 **마리아마**

희망의 회복

가족 중 처음으로 학교에 다니는 마리아마는 아프리카 서부 해안에 있는 시에라리온의 수도 프리타운에 삽니다. 시에라리온은 마리아마의 선조 풀라니족을 포함한 17개 소수 민족의 본거지입니다. 풀라니족은 전통적으로 유목 생활을 했으며 서아프리카에서 처음으로 글을 아는 부족이었습니다. 1990년대 시에라리온은 국가적으로 개혁을 시도해 일반 국민이 좀 더 쉽게 교육받을 수 있도록 했지만, 1991년 끔찍한 내전이 발발해 2002년까지 이어졌습니다. 아미나타 포르나(Aminatta Forna) 작가는 어린 시절을 스코틀랜드와 시에라리온 2개국에서 보냈습니다. 아미나타 작가는 "내가 어린 시절을 보낸 시에라리온은 부패한 정권이 계속 들어서면서 나라가 망가졌어요. 국민은 더 가난해지고 영혼은 파괴됐어요. 희망은 줄어들고요."라고 말했습니다.

전쟁 때문에 더 나은 교육제도를 만드는 일이 어려워졌습니다. 1200여 개의 학교가 파괴되고 어린이의 65% 이상이 교육을 받지 못했습니다. 전쟁이 끝난 후, 학교를 다시 여는 데에 노력을 기울여 입학률이 점차 증가하고 있습니다. 아미나타 작가는 "이제 잃었던 희망을 되찾는 게 보입니다."라고 했습니다. 그러나 여전히 학교와 교과서, 기타 여러 물자가 충분하지 않습니다. 교사도 부족합니다. 초등학교 교사의 약 40%가 교원 자격 훈련을 제대로 받지 못했습니다.

또 시에라리온은 10대 임신율이 세계적으로 높은 국가 중 한 곳입니다. 이는 소녀 교육을 지속하지 못하게 하는 또 다른 주요 원인입니다. 유니세프의 조사에 따르면 시에라리온에 사는 소녀 중 단 15%만이 초등교육을 마치고 중등교육을 받은 것으로 나타났습니다. 이러한 상황임에도 〈걸 라이징〉 제작진은 시에라리온에서 몇몇 학생들을 만나 인상 깊은 이야기를 접할 수 있었습니다.

마리아마가 그런 학생들 중 한 명입니다. 여러 면에서 마리아마는 여느 10대 소녀와 다를 바 없습니다. 친구와 문자메시지를 주고받거나 아이스크림을 먹으러 나가는 일이 중요합니다. 〈걸 라이징〉 제작을 위해 마리아마와 함께 이야기를 나눈 아미나타 작가는 "마리아마는 전 세계 어디에나 있는 열다섯 살 소녀와 매우 비슷해요. 때때로 같은 시간, 같은 공장에서 뚝딱 만들어진 건 아닌지 의심이 들 정도예요. 마리아마의 관심사도 다른 소녀들과 완전 똑같아요. 자신의 매니큐어 색깔을 내가 예쁘다고 생각할지 궁금해하지요. 그리고 휴대전화로 끊임없이 통화하고요."라고 말했습니다.

예전엔 수줍음이 너무 많았고, 지금은 말이 너무 많을 거예요

마리아마는 공부를 매우 잘하며 과학과 수학을 좋아합니다. 아미나타 작가는 "우리는 학교에 있었어요. 마리아마는 복잡한 공식을 써서 문제를 잘 풀었어요. 너무 놀라웠어요. 진짜 너무 놀라웠어요."라며 감탄했습니다. 마리아마는 의사나 연구 과학자가 되고 싶어 하며 그 길을 잘 준비하고 있습니다. 어머니는 교육받지 못했지만, 지금 마리아마 주변에는 본받고 싶은 사람이 따로 있습니다. 마리아마와 아미나타 작가가 함께 마을을 산책하다가 우연히 마리아마의 학교 여자 선배 세 명을 만났습니다. 세 명 모두 의사였습니다. 이들이 헤어지기 전, 선배 중 한 명이 마리아마에게 꿈을 절대 포기하지 말라고 다시 한 번 당부했습니다. 분명 마리아마의 꿈은 마리아마 앞에 와 있고 반드시 실현할 수 있습니다.

시에라리온에서 마리아마와 다른 많은 소녀는 〈걸스 메이킹 미디어〉라는 프로그램으로 라디오 방송국 일과 생방송에서 대화하는 법을 배우는 독특한 기회를 누리고 있습니다. 소녀의 삶에 영향을 끼치는 문제를 사람들에게 좀 더 잘 알리기 위해 '플랜 웨스트 아프리카(PLAN West Africa)'라는 단체에서 이 프로그램을 시작했습니다. 소녀들은 〈걸스 메이킹 미디어〉 참여로 자료 조사 방법, 원고 작성 방법, 라디오 프로그램 제작 방법을 배웁니다. 패널을 대하는 법, 인터뷰하는 법, 현안의 모든 측면을 살펴보는 법도 배웁니다. 여기서 주로 다루는 주제는 소녀 교육의 미래, 10대 임신, 여성 대상 폭력, 성차별 등입니다. 이 라디오 프로그램은 시에라리온 전역에 방송됩니다. 라디오는 시에라리온 문화에서 큰 부분을 차지합니다. 아미나타 작가는 "전쟁이 끝난 후 수년 동안 라디오는 시에라리온 국민의 의식 수준을 높이고 동기를 부여했어요. 국가 재건 노력에 큰 도움이 되었지요. 시에라리온 어디에서나 라디오 듣는 사람들을 만날 수 있어요. 그래서 시에라리온 국민들은 아주 민첩하게 라디오의 잠재력을 알아보고, 이걸 이용해 국가가 해결해야 할 문제 중 일부를 토론하기 시작했어요."라고 설명했습니다.

사람들의 관심을 모으기 위해 소녀가 가진 문제에 집중한 방법은 아주 기발했습니다. 마리아마가 라디오 프로그램을 진행하면서 즐거운 점 하나는 10대 소녀들과 소통한다는 사실입니다. 마리아마는 라디오 프로그램을 통해 많은 소녀들의 고민을 듣고 조언을 해 줄 수 있습니다. 아미나타 작가는 "마리아마는 라디오 진행을 분명 좋아해요. 수학이나 물리학, 생물학, 화학만큼이요. 마리아마도 자신이 프로그램에 상당히 기여하는 걸 알고요. 마리아마가 정말 잘하고 있다고 생각해요."라고 말했습니다.

〈걸스 메이킹 미디어〉에 참여한 다른 소녀들도 말합니다. 프로그램 덕분에 수줍은 성격이 자신감 있는 성격으로 바뀌고, 공개적으로 자신의 의사를 표현하는 일이 두렵지 않으며, 소녀들을 위한 조언과 옹호 활동에 진심으로 관심을 기울이게 되었다고 합니다. 소녀들은 자신들이 하는 일이 중요하다고 믿습니다. 소년, 소녀 모두가 소녀 문제를 민감하게 받아들이기 때문입니다. 〈걸 라이징〉 제작진은 마리아마에게 라디오 프로그램을 진행하면서 어떤 점이 바뀌었는지 물었습니다. 마리아마와 통역사는 웃음을 터뜨렸습니다. 마리아마는 "예전엔 수줍음이 너무 많았어요. 누군가와 대화하는 게 정말 어려웠어요. 요즘은 말이 너무 많을 거예요."라고 대답했습니다.

〈걸스 메이킹 미디어〉 방송 중인 마리아마

시에라리온의 **엠발루**

교육의 권리

열여섯 살 엠발루도 〈걸스 메이킹 미디어〉를 진행하면서 달라진 점이 있습니다. 자신 있게 의사 표현을 하는 방법을 배운 것뿐만 아니라, 프로그램에서 자신과 다른 소녀들이 무엇을 말해야 어른들의 생각을 확실히 바꿀 수 있는지 알았습니다. 엠발루는 말했습니다. "처음 아이가 대화를 원할 때, 어른들은 말하죠. '넌 너무 어려.' 의사를 결정할 때에도 '네 생각은 아직 미숙해.'라고 말해요." 그러나 어느 날부턴가, 엠발루 어머니는 딸의 의견을 묻고 그 의견을 진지하게 받아들였습니다. 엠발루는 대화와 독서를 좋아하는 낙천적이고 재미있는 소녀입니다. 또한 영어 실력이 뛰어납니다. 아버지는 아주 어렸을 때 돌아가시고 지금은 어머니와 4남매가 가족입니다. 어머니는 교육을 전혀 받지 못했지만, 엠발루 4남매는 모두 학교에 다닙니다. 이들은 학비를 벌기 위해 무슨 일이든 합니다. 엠발루는 "어머니는 작은 것 하나라도 있으면 내게 주는 분이에요."라고 말합니다.

어릴 적 엠발루는 마치 변호사라도 된 듯 사람들 사이의 다툼을 해결하곤 했습니다. 엠발루는 사람들이 다른 사람들의 권리를 빼앗는 것이 싫습니다. 이런 태도가 언젠가 엠발루의 직업 선택에 영향을 줄 수도 있습니다. 벌써 라디오 프로그램 진행에서 나타납니다. 이제 엠발루는 미디어의 영향력을 이해합니다. 엠발루는 "내가 라디오에서 말하면 지역사회 전체가 들을 수 있어요. 하지만 그냥 친구들에게 말하면 그 친구들만 들을 뿐이에요. 이 사실이 중요해요. 상황이 달라지고 있어요. 소녀에게도 소년과 똑같은 권리가 있어요."라고 말합니다.

엠발루는 교육의 힘과 교육이 자신의 미래에 어떤 영향을 미칠지 압니다. 몇몇 친구들은 결혼했지만 자신을 위해 엠발루는 결혼하고 싶지 않습니다. 엠발루는 "결혼보다 학교에 다녀야 삶이 더 좋아질 거예요. 숲속에 앉아 야자수로 만든 술을 팔고 싶지는 않아요. 회사에 있고 싶어요. 가능한 한 내 일을 하고 싶어요. 숲속에 앉아 있고 싶진 않아요. 내 어머니처럼요."라고 이야기했습니다. 엠발루는 자신에게 딸이 있다면 "내 딸도 학교에 다녀야 할 거예요."라고 말합니다.

시에라리온의 **프리실라**

금보다 값진 교육

시에라리온의 또 다른 소녀 프리실라는 이미 열두 살 때 교육이 얼마나 중요한지 깊이 깨달았습니다. 프리실라에게는 그럴 만한 이유가 있습니다. 프리실라는 "대부분의 시간을 길거리에서 보냈어요."라고 말했습니다. 프리실라 어머니는 교육받지 못했고, 아버지는 정신이 불안정했습니다. 프리실라는 가족의 생계를 위해 시장에서 일해야 했습니다. 프리실라는 친구들을 만나는 것이 한 가지 바람이었지만, "친구들이 한 명, 한 명 떠났어요. 내가 너무 가난했으니까요."라고 말했습니다. 이제 프리실라는 (지역 NGO의 도움으로) 학교에 다니며 훨씬 행복하게 생활하고 친구들도 다시 사귀었습니다. 프리실라는 동작을 똑같이 따라 하고 되풀이해야 하는 댄스 게임에서 '챔피언'이라고 말합니다. 운동에 소질이 있고, 그중에서 배구를 가장 좋아합니다. 프리실라는 "서브 넣는 것도 재미있고, 팀 운동이라서 좋아요."라고 말합니다. 프리실라가 좋아하는 과목은 수학과 영어이며 셰익스피어의 작품도 매우 좋아합니다. 프리실라는 인터뷰에서 『베니스의 상인』의 복잡한 줄거리를 이야기했습니다. "이 작품을 좋아해요. 누가 옳고 그른지 판단하는 방법을 알려 주니까요." 프리실라의 지성과 성숙함이 잘 드러납니다. 학교에 다니기 전 프리실라의 삶을 이제 떠올리기 어렵습니다.

〈걸 라이징〉 제작진 중 한 명인 베스 오시섹이 프리실라에게 소원을 물었습니다. 프리실라는 "교육을 받아서 간호사가 되고 싶어요. 돌보는 일을 좋아해요. 간호사는 사람들을 치료하고, 생명을 구해요. 나도 사람들을 구하고 싶어요."라고 대답했습니다. 계속 교육받는다면 프리실라는 큰일을 할 준비가 된 모습입니다. 지나 네미로프스키 프로듀서가 프리실라에게 만약 시에라리온 대통령을 만나 한 가지를 바꿔 달라고 요청할 수 있다면, 무엇을 말할 것인지 물었습니다. 프리실라는 "교육을 강화해 달라고 할 거예요. 교육은 금·은보다 값지니까요."라고 답했습니다. 열두 살 프리실라에게는 벌써 우리 모두를 위해 필요한 지혜가 있습니다. 프리실라는 "우리 모두 똑같아요. 우리 모두 두 팔, 두 다리가 있어요. 내가 가난하든 당신이 부유하든, 가진 것과 관계없이 우리 함께 걸어요."라고 말했습니다.

손녀를 SOLA에 다니도록 지원하는 남성

아버지의 모습

딸에게 힘을 실어 주는 아버지

샤바나 바시즈 라식은 SOLA(School of Leadership, Afghanistan: 아프가니스탄 리더십 학교)의 공동 창립자이자 회장입니다. SOLA는 아프가니스탄 소녀를 대상으로 한 첫 번째 기숙학교입니다. 1996년 여학생 교육을 불법으로 규정한 탈레반 정권의 위협 속에서도 샤바나 아버지는 딸을 교육하겠다는 의지를 굽히지 않았습니다. 샤바나가 두려워하거나 불안해할 때 아버지는 "모든 것을 다 잃게 되더라도 네가 배운 것은 그대로 남아 있단다. (딸의 머리를 가리키며) 바로 여기에 말이야."라고 격려했습니다.

탈레반 정권은 물러났지만, 여전히 공개적으로 소녀를 교육하는 사람들이 위협을 받습니다. 그러나 샤바나는 학부모들이 딸에게 보내는 지지와 열정을 매일같이 목격합니다. 자신의 아버지가 자신에게 보였던 모습과 똑같았습니다. 전 세계 소녀들의 성장에 남성의 영향력이 막대하다는 사실을 인정하는 것은 중요합니다. 샤바나는 "아프가니스탄에서 성공한 모든 여성 뒤에는 항상 아버지가 있습니다."라고 말합니다. 딸은 어차피 결혼해 떠나기 때문에 교육은 어리석은 일이라고 간주되기도 합니다. 그러나 딸을 교육하고자 하는 아버지들은 긍정적면을 생각합니다. SOLA 학생의 한 아버지는 "(내 딸을) 교육하는 데에 드는 노력은 헛된 것이 아닙니다. 내게 직접적인 도움은 되지 않겠지만 적어도 딸 스스로 자신의 가족을 잘 돌본다면, 난 딸 걱정을 하지 않아도 됩니다."라고 말했습니다. 또한 한 아버지는 SOLA에 딸을 보내지 말라며 직접적인 위협을 받기도 하지만, 아랑곳하지 않고 딸의 교육을 계속 지원했습니다. 샤바나는 우즈마에게서도 이런 아버지의 모습을 발견했습니다. 우즈마는 미국의 사립학교에서 장학금을 받은 SOLA 졸업생입니다. 우즈마는 이렇게 말했습니다. "난 부모님을 본받고 싶어요. 특히 아버지처럼 되고 싶어요. 아버지는 내게 말했어요. '네 이름 우즈마는 위대하단 뜻이야. 너의 배움으로 세상을 크게, 위대하게 바꾸길 바란다.'라고요."

여러 교육 장벽에도 전 세계 소녀들은 인내심을 갖고 계속 교육을 받습니다. 리처드 로빈스 감독은 영화 촬영 내내 이런 소녀들의 모습에 매우 놀랐습니다. 어느 날, 다음과 같이 기록했습니다. "우리는 이 소녀들이 어떻게 이렇게 끈기 있고, 굳셀 수 있는지, 그 답을 찾으려 한다. 여기 소녀들과의 문답을 옮긴다. '① 여러분 삶에 항상 여러분을 믿고 응원해 준 사람이 있나요?-그런 사람은 거의 없었어요. ② 여러분 자신이 지금보다 더 많은 것을 누릴 자격이 있다는 사실을 어떻게 알았나요?-나 스스로 인식하고 깨달았어요. ③ 힘든 상황을 어떻게 견뎠나요?-나 자신에게 포기해선 안 된다고 말했어요.' 소녀들의 신비로운 능력이 어디에서 비롯되었는지 곰곰이 생각해 봤다. ……그것은 바로 정신력이다. 방법이 없을 때 인간은 정신력으로 간단히 길을 찾는다."

거리의 아이들에게 생존 기술을 가르치는 이집트 카이로의 어린이 구호 단체 호프 빌리지(Hope Village)

3부
소녀 교육의 장벽을 없애는 방법

"서른 살에 시작할 필요는 없어요.
나이가 어려도 충분히 할 수 있어요.
열정과 추진력만 있으면 돼요.
일단 마음을 쏟으면 무슨 일이든 일어나요."

열다섯 살에 유니세프 대사가 된 **해너 고데파**

우리가 미래를 바꾸는 방법

책의 집필 과정에서 배운 중요한 사실이 있습니다. 다른 이들을 위해 어떤 문제를 해결하려고 헌신하는 사람들은 다양한 형태로 활동하면서 저마다 품은 소망을 이룬다는 점입니다. 어떤 사람들은 평생을 NGO나 다른 관련 단체와 함께 활동하고, 또 어떤 사람들은 지극히 개인적인 차원에서 활동합니다. 여행 중에 우연히 어떤 문제 상황을 목격하고 해결 방법을 찾아 나서야겠다는 영감을 받을 때가 그러한 경우입니다. 기발한 생각을 하고 이를 실행에 옮기는 사람들은 어디에나 있습니다. 어쩌면 이 책에 나오는 여러 이야기를 접하다 우리도 번뜩이는 아이디어가 생각날지도 모릅니다.

캄보디아 소녀 소카가 살았던 스퉁민체이 쓰레기 매립장이 영구 폐쇄되기 불과 몇 달 전의 일입니다. 에이미 핸슨이라는 한 호주 여성이 맨발로 혹은 다 떨어진 신발을 신고 쓰레기 더미를 뒤지는 사람들을 목격했습니다. 에이미는 곧바로 '스몰 스텝 프로젝트(Small Step Project)'를 시작했습니다. 이 프로젝트로 수백 켤레의 튼튼한 부츠는 물론이고 물과 음식 등 다른 물품들도 그곳에 있는 사람들에게 전달했습니다.

아프가니스탄에서는 소녀 교육을 위해 샤바나 바시즈 라식이 앞장섰습니다. 샤바나는 아프가니스탄의 수도 카불에서 나고 자랐습니다. 샤바나가 여섯 살 때, 탈레반 정권은 소녀가 학교에 다니는 것을 불법으로 규정했습니다. 교육을 받으면 위험한 상황이었지만 샤바나는 부모님의 격려를 받으며 다른 자매 한 명과 함께 비밀 학교에 다녔습니다. 집에서 비밀 학교까지는 걸어서 45분이 걸렸지만, 이것이 교육받을 수 있는 유일한 방법이었습니다. 비밀 학교는 탈레반 정권의 횡포로 고등학교 교장에서 쫓겨난 한 여성의 집 거실이었습니다. 매일 100여 명의 소녀가 그 집으로 향했습니다. 소녀들은 누군가 따라붙는 일이 없도록 번번이 경로를 바꿨습니다. 한꺼번에 움직이지 않고 시간 차이를 두고 집에 드나들고 여러 가족이 왕래하는 것처럼 꾸몄습니다.

2002년 탈레반 정권이 무너지자 샤바나 가족은 더할 수 없이 기뻤습니다. 아버지는 "비밀 학교가 아니라 이제 진짜 학교에 다닐 수 있구나!"라고 말했습니다. 결코 잊지 못할 순간이었습니다. 이후, 샤바나는 미국 정부에서 지원하는 교환학생 프로그램으로 고등학교 3학년을 미국 위스콘신주에서 마쳤습니다. 그리고 미국 버몬트주에 있는 미들베리 대학에 진학했습니다.

미들베리 대학에서 샤바나는 깊이 감사하는 마음으로 자신이 받은 교육에 관해 이야기했습니다. "보통 사람들은 무언가에서 거부당하고 나서야 그것의 소중함을 깨닫습니다. 내게 교육이 그랬습니다. 교육받을 기회를 가진 데에 매일 깊이 감사하며 지냅니다."

샤바나는 아프가니스탄 소녀들을 돕기 위해 활동했습니다. 탈레반 정권이 무너진 뒤, 여성의 상황은 나아졌지만, 알다시피 아프가니스탄 소녀들은 학교에 가려면 여전히 매우 큰 위험이 따릅니다. 2008년 대학 재학 중, 샤바나는 SOLA를 공동 설립했습니다. SOLA는 만 12~18세의 소녀를 입학 대상으로 한 아프가니스탄 최초의 여자 기숙학교입니다. SOLA의 파급효과는 빠릅니다. 졸업생들은 대학교에 진학할 뿐만 아니라, 더 나은 직업을 갖습니다.

겉보기에 작은 제도가 큰 차이를 만들 수 있습니다. 예를 들어, 브라질과 멕시코, 방글라

2015년 3월 미국 뉴욕, 한 양성평등 행사에 참석한 SOLA의 장학생 우즈마(왼쪽)와
샤바나 바시즈 라식(오른쪽)

데시, 터키, 나이지리아 등의 국가에서는 각 가정에서 딸을 학교에 보낼 수 있도록 현금지원 제도를 시행합니다. 각 국가마다 제도 운영 방식은 다양하지만, 가정에 충분히 재정 지원을 하면 딸을 집에서 일하게 하는 대신 학교에 보낼 것이라는 생각에 기반한 제도입니다. 이와 같은 제도는 전 세계 학교의 소녀 입학률이 증가하는 데에 긍정적인 영향을 미쳤습니다. 전 세계 수많은 사람이나 단체, 국가에서 혁신적인 제도를 수없이 많이 계획하며 실행하고 있습니다.

『멘스트루피디아』의 한 장면

예술의 힘

만화로 금기를 말하다

인도를 비롯해 많은 국가에서 생리를 수치스럽게 생각합니다. 생리를 하는 동안 소녀는 보통 집에 머물러야 하며 활동에 제약이 많습니다. 예를 들어, 집에 있는 의자에 앉지 못하고 예배에 참석하지 못할 수도 있습니다. 가족과 함께 식사하지 못하거나 학교에 가지 못할 수도 있습니다. 이런 문제가 생기는 가장 큰 원인은 생리 교육이 거의 이뤄지지 않기 때문입니다. 그래서 사람들은 생리를 이야기하기 꺼리고 수치스러워하며 숨겨야 한다고 생각합니다.

사람들의 이러한 의식을 바꾸기 위해 아디티 굽타(Aditi Gupta)라는 한 젊은 인도 여성이 나섰습니다. 2013년 3월 아디티는 대학 친구 투힌과 함께 『멘스트루피디아 (Menstrupedia)』(생리를 뜻하는 '멘스트루얼(menstrual)'과 백과사전을 뜻하는 '엔사이클로페디아(encyclopedia)'를 합성한 단어로 '생리백과'라는 뜻-옮긴이)라는 만화책을 발간해 인도 소녀들에게 생리에 관해 제대로 알려 주기로 했습니다. 아디티와 투힌은 사람들이 재미있는 방식으로 내용을 접하면서 생리를 공부한다는 사실을 부끄러워하지 않기를 바랐습니다. 『멘스트루피디아』 예고편의 인기는 급속도로 높아졌으며, 소녀들만큼 생리에 무지한 소년들 역시 읽고 싶어 했습니다. 아디티와 투힌은 자신들의 노력으로 작은 변화가 일어났다고 생각하지만, 이 작은 변화가 큰 변화를 이끕니다. 두 사람이 만든 만화책의 교육적인 영향으로 인도 소녀들이 생리 기간에도 학교에 다닐 수 있는 중대한 결과를 가져올 수 있습니다. 사실, 이미 인도 전역에서 2만 4000명의 소녀 교육에 『멘스트루피디아』를 활용합니다. 이 책은 네팔과 스페인을 포함한 7개국에 번역·출간되었습니다.

우리가 할 수 있는 일

자, 준비됐나요? 세상을 바꾸고 싶은가요? 할 수 있습니다! 세상의 변화를 이끄는 데에 우리가 할 수 있는 일이 많습니다. 자기 자신의 목소리로 시작하십시오. 앞서 보았듯이, 전 세계 수많은 소녀의 목소리가 억눌려 있습니다. 소녀의 목소리가 들리지 않습니다. 말할 수 없는 사람들을 위해 대신 말해 봅시다. 학교나 지역신문 독자 기고란에 배운 내용을 공유합시다. 소녀 교육의 장벽에 관한 문제 중 일부를 소셜 미디어로 알리는 일도 중요할 것입니다. 사람들의 의식 개선에 도움이 많이 되기 때문입니다. 사람들이 서로 이야기를 나누면 생각이 떠오르고, 이 생각은 새로운 변화를 이끌어 냅니다. 이 문제가 우리의 일상적인 대화 내용으로 자리 잡는 순간, 문제를 해결하는 데에 힘이 실립니다.

공정 무역 인증 마크가 있는 식품이나 제품을 구매하는 일도 변화에 뚜렷하게 영향을 미치는 또 다른 작은 실천입니다. 공정 무역 비영리단체는 주로 빈곤 국가의 농부들과 함께 활동하며 임금을 공정하게 지불하고, 작업 환경을 안전하게 관리하며, 친환경 재배 농법을 사용합니다. 공정 무역 비영리단체는 보건과 영양 개선, 문맹 퇴치, 교육 접근성 확대에 이르기까지 지역사회가 가장 필요로 하는 영역에 사용할 개발 기금을 마련합니다. 이러한 협력 관계는 많은 국가에서 아이들이 학교에 다니는 데에 도움을 줍니다. 농부가 임금을 제대로 받으면 자녀에게 굳이 일을 시킬 필요가 없기 때문입니다.

이 효과는 농가를 넘어 훨씬 크게 나타납니다. 아프리카 서부에 있는 가나에서는 공정 무역으로 얻은 이익으로 학교를 짓습니다. 남아메리카 중부에 있는 파라과이에서는 설탕 판매 공정 무역 기금으로 학교에 컴퓨터와 책, 교복, 기타 학용품을 제공합니다. 인도에서는 집에서 학교까지 먼 거리를 오고 가야 하는 학생들을 위해 버스를 마련합니다. 이러한 사례는 계속 이어지며, 공정 무역 지원 체계는 세계의 빈곤 퇴치 노력에 기여하고 있습니다.

변화에 자신이 좋아하는 것을 활용하는 법

자전거를 좋아하나요? 노래 부르기나 글쓰기는 어떤가요? 패션이나 연극, 미술, 농구에 관심이 있나요? 특별히 관심이 있는 분야가 무엇이든, 변화를 이끄는 프로젝트에 자신의 열정을 쏟으면서 그 과정을 즐길 수 있습니다. 패션쇼나 시 낭송 대회, 후프 돌리기 대회, 댄스 경연 대회를 열고 기금을 모아 이미 아는 NGO나 혹은 새로운 단체를 찾아 지원합시다. 중앙아시아에 있는 타지키스탄의 청소년 연극 평화 프로그램(Youth Theater Peace Program) 참가자들은 조혼, 소녀 교육, 성 역할의 변화 등 자신들의 이야기를 담은 연극을 기획하고 공연합니다. 아프리카 북서부에 있는 세네갈의 10대 청소년들은 강제 결혼에 관한 비디오를 찍었습니다. 사람들의 관심이 커지자 이 영상은 상업 장편영화로 제작되었습니다. 청소년들의 이야기 전개 방식이 큰 영향을 끼친 것입니다.

　미술에 재능이 있다면 이 책에 실린 내용 중 일부를 공공 미술 작품으로 제작하여 사람들의 의식 수준을 높이는 데에 활용할 수도 있습니다. 통계나 그래프를 예술 작품으로 변형하는 흥미롭고 혁신적인 방법을 찾아봅시다. 예를 들어 1장에서 설명한 '파급효과'를 시각적으로 나타낼 수 있을까요? 이 작품을 학교에 전시할 수도 있습니다. 어쩌면 생각이 같은 몇몇 예술가들과 공동 기획하여 작품 전시회를 열고 사람들을 초대하고 싶을지도 모릅니다. 여러 사람과 의견을 나누십시오! 작품을 공유하는 방법에 따라 예술의 폭이 더 넓어질 수 있습니다. 작품을 비디오로 촬영해서 블로그나 다른 인터넷 사이트에 올리거나, 혹은 지역 언론에 알리고 싶을지도 모릅니다.

　자전거를 좋아하는 사람이라면, 교통수단이 열악해서 학교나 직장을 다니는 데에 어려움을 겪는 개발도상국 사람들에게 자전거를 기증하는 단체에 관심이 있을 수도 있습니다. 이러한 단체 중 '월드 바이시클 릴리프(World Bicycle Relief)'가 가장 규모가 크며, 아프리카의 외딴 지역에 사는 사람들에게 이미 5만 대의 자전거를 전달했습니다. '휠스 포 라이프(Wheels 4 Life)'라는 또 다른 단체는 케냐·마다가스카르·탄자니아·코스타리카·우간다 등 많은 국가에 7000여 대의 자전거를 전달했습니다. 이 단체는 지역 경제 발전에 도움을 주기 위해

캄보디아 한 시골, 룸 투 리드 학교 학생들이 자전거를 함께 탄 모습

기증 대상 국가에서 자전거를 직접 구매하려고 합니다. 단체 운용 비용을 낮추기 위해 휠스 포 라이프의 활동가 대부분은 자원봉사로 참여합니다. 한편, 2010년 걸 라이징(Girl Rising) 캄보디아 지부와 마사 애덤스 프로듀서의 영향으로 케빈 코언과 클레어 코언이 핑크 바이 크(Pink Bike)를 설립했습니다. 걸 라이징과 핑크 바이크는 캄보디아와 수단, 네팔 소녀 수백 명에게 자전거를 전달했습니다. 이런 단체로 바로 기부를 하거나 기금 모금 행사를 조직해 지원할 수 있습니다.

글을 잘 쓰나요? 그렇다면 디 엘더스 홈페이지 청소년 기고란을 활용할 수 있습니다. 디 엘더스는 소녀와 여성의 평등, 교육 등의 인권 문제 개선을 위해, 아일랜드 첫 여성 대통령 을 지낸 메리 로빈슨(Mary Robinson), 데스몬드 투투(Desmond Tutu) 대주교, 그라사 마셸과 같 은 세계 지도자들이 설립한 단체입니다. 또한 이 책에서 가장 인상 깊게 읽은 부분을 주제로 선정해 학교 신문에 자신의 생각을 담은 글을 기고할 수 있습니다. 〈걸 라이징〉을 보고 감상 평을 쓰거나 스스로 시나리오나 단편소설, 산문, 시를 써서 지역사회에 공유할 수 있습니다.

자신의 목소리를 찾으려 고군분투하는 아프가니스탄 10대 작가를 위해 AWWP(Afghan Women's Writing Project: 아프가니스탄 여성 글쓰기 프로젝트) 홈페이지가 있습니다. 이 홈페이지 의 10대 작가 워크숍 메뉴에서 '댓글 캠페인'을 시작할 수 있습니다. 워크숍에서는 아프가 니스탄 소녀 참가자에게 교통편과 시간, 인터넷 서비스를 제공합니다. (카불에 있는 한 인터넷 카페를 이용합니다.) 참가자는 자신의 이야기를 영어로 전달하는 법을 배우기 때문에 이야기 를 더 널리 알릴 수 있습니다. AWWP 홈페이지에 소녀들의 산문과 시가 게시됩니다. 지지 와 응원의 댓글에 소녀들은 자신들의 이야기가 잘 전해진다고 느낄 것입니다.

데스몬드 투투 대주교

남성과 소년에게 보내는
투투 대주교의 메시지

데스몬드 투투 대주교는 2007년 넬슨 만델라(남아 프리카공화국 최초의 흑인 대통령–옮긴이) 대통령의 주도로 남녀 평화운동가가 모여 만든 특별한 단체, 디 엘더스의 창립 회원입니다. 디 엘더스의 회원은 어떤 정치적 기반도 두지 않고 활동하기 때문에 어떤 국가에도 소속하지 않습니다. 대신, 전 세계의 선구적인 변화를 위해 평생에 걸쳐 습득한 전문 지식을 활용하고 자신들의 열정을 쏟습니다.

투투 대주교는 여성만큼 남성도 조혼 풍습과 소녀·여성의 평등권 문제를 개선하는 데에 참여할 필요가 있다고 강조합니다. 투투 대주교는 세계 곳곳의 현실을 이야기했습니다. "남자들이 허용하기 때문에 조혼이 발생합니다. 아버지, 마을 수장, 종교 지도자, 의사 결정자, 이들 대부분이 남성입니다. 이 나쁜 관습을 끝내기 위해서는 이것이 잘못임을 아는 남성의 지지를 얻어야 하며, 이것이 잘못인 줄도 모르는 남성을 설득하는 데에 서로 힘을 모아야 합니다."

디 엘더스 홈페이지 공개서한에서 투투 대주교는 다음과 같이 말했습니다. "나는 소년이 자신의 여자 형제 편에 서서, 소녀도 학교에 가고 무엇이든 하고 싶은 일을 할 권리가 있다고 말하는 용기를 가졌으면 합니다. 우리 남성은 용기를 내야 합니다. 진실을 말해야 합니다. 모든 남성이 누리는 평등과 존엄의 권리를 모든 소녀와 여성도 누려야 함을 지지해야 합니다."

전사가 되어 소녀 대신 싸우는 법

'전사'와 '혁명가'라는 단어는 더 나은 미래를 위해 싸운 소녀들의 이야기에서 나옵니다. 우리 또한 누군가의 도움이 필요한 소녀를 대신하여 전사가 될 수 있습니다.

걸 업(Girl Up)과 같은 단체에 흥미로운 자원봉사 기회가 있습니다. 걸 업은 유엔재단 (United Nations Foundation)에서 실행하는 10대 소녀를 위한 캠페인(이 캠페인명도 '걸 업(Girl UP)' 으로 단체명과 캠페인명이 같음–옮긴이)을 펼치며, 사람들이 전 세계 소녀들이 겪고 있는 문제를 해결하고 소녀의 옹호자가 될 수 있도록 강력하게 지원합니다. 걸 업 홈페이지에 옹호 활동에 관한 정보가 많습니다. 특정 문제를 해결하려면 지역 국회의원에게 연락하면 됩니다. 걸 업은 전화나 서면으로 지역 대표에게 연락이 잘 닿을 수 있도록 돕습니다. 지역 대표와 직접 만나는 일정을 잡는 방법 또한 걸 업에서 알려 줍니다. 만 13~18세의 소녀는 걸 업의 청소년 고문이 될 수 있습니다. 내용을 더 자세히 알고 싶으면 걸 업 홈페이지를 방문하기 바랍니다.

걸 라이징은 10대 청소년들이 소녀 교육을 위한 지구촌 운동을 주도할 수 있도록 하는 프로그램을 운영합니다. 걸 라이징 대사(Girl Rising Ambassador)는 자신의 지역사회에서 걸 라이징을 대표합니다. 〈걸 라이징〉 상영을 담당하고, 사람들의 의식 수준을 높일 방법을 모색하거나, 걸 라이징 본부와 협력하여 전 세계적 차원의 노력을 지역사회에 연결하는 역할을 합니다. 또한 각 걸 라이징 대사는 매년 10월 '세계 소녀의 날'에 적어도 한 건의 행사에 참여할 계획을 세웁니다. 더 많은 정보와 걸 라이징 대사 지원 관련 사항은 걸 라이징 홈페이지에서 확인하기 바랍니다.

어떤 비영리 활동 아이디어가 하나 떠올랐다면 그것만으로도 뭔가를 시작하기 충분합니다. 많은 단체가 바로 그 멋진 아이디어와 동기 하나로 활동을 시작했습니다. 한 번에 하나씩, 우리는 무엇이든 성취할 수 있습니다!

해너 고데파(Hannah Godefa)의 사례가 여기에 해당합니다. 해너는 캐나다 토론토에 사는 10대 소녀입니다. 2005년, 일곱 살 해너는 부모님의 고향인 에티오피아 시골 마을을 방문했습니다. 처음 에티오피아를 방문한 해너는 할머니와 함께 머물며 그곳의 삶이 어떠한지 목격했습니다. 해너는 방문하는 동안 에티오피아 친구를 만나 친해졌습니다. 편지로 계속 연락을 주고받고 싶었지만 친구는 종이나 연필이 없었습니다. 이것은 에티오피아 전역에 걸친 문제였습니다.

갑자기 해너는 이 상황에서 필요한 것, 부족한 것이 보였습니다. 그리고 그것을 채우고 싶었습니다. 2011년 해너는 한 텔레비전 인터뷰에서 "학용품을 제공해서 교육 장벽을 없애자는 생각을 했어요. 에티오피아 아이들에게 학용품이 부족한 상황을 해결하고 싶었어요."라고 말했습니다. 실로 엄청난 프로젝트의 시작입니다. 그러나 어떤 일이든 성공하려면 끈기가 가장 중요합니다. 캐나다로 돌아간 해너는 자신이 다니는 학교 교장 선생님에게 이 생각을 말했습니다. "처음에 교장 선생님은 내 생각을 받아들이지 않았어요. 하지만 계속해서 설득했고 마침내 내가 이 일에 진지하다는 걸 알았어요." 해너는 지역사회에 손을 내밀고 언론에 알리며 연필을 모으기 시작했습니다. 해너는 프로젝트 이름을 '펜슬 마운틴(Pencil Mountain)'이라고 지었습니다.

청소년들은 때때로 어른들이 자신들의 목소리를 중요하게 생각하지 않거나 진지하게 받아들이지 않는다고 느낄지 모릅니다. 그러나 해너처럼 반대 경우도 있습니다. 사람들은 청소년들이 발휘하는 의지와 이상을 높이 평가하고 존경합니다. 펜슬 마운틴 프로젝트는 언론의 주목을 받아 널리 알려졌습니다. 또 많은 사람이 자발적으로 도움을 주었습니다. 해너는 에티오피아에 2006년 약 2만 5000개, 2012년까지 50만 개의 연필을 전달했습니다.

2006년 해너는 에티오피아의 또 다른 모습을 목격했습니다. 에티오피아에서 소년과 달리, 소녀는 집안일을 하느라 학교에 다니지 못하는 상황이 일반적이라는 사실을 알고 충격을 받았습니다. 해너는 이 문제를 해결할 방법을 생각하고 여러 아이디어를 실제 행동으로 옮겼습니다. 에티오피아 대학에 기증하기 위해 연구 서적을 수집하고 장애 학생에게 휠체어를 제공하며 전 세계에 교육받을 권리의 확대를 주장하는 활동도 했습니다.

2013년 열다섯 살 해너는 유니세프 에티오피아 대사가 되었습니다. 해너가 일곱 살 때 품었던 누군가를 돕고자 하는 마음이 모든 것의 시작이었습니다. 해너는 "나에겐 에티오피아의 아이들을 도울 사회적 책임이 있어요. 나는 캐나다에 산다는 이유로 교육받을 기회가 있어요. 에티오피아에 사는 아이들도 똑같은 기회가 있었으면 해요."라고 말했습니다.

지금 해너는 훌륭한 일을 해냈지만 처음에는 할 수 있는 일이 전혀 없었습니다. 해너는 의지만 있으면 누구라도 비슷한 성취를 이룰 수 있다고 생각합니다. 우리를 포함해서 그렇습니다. 특히 '우리'가 할 수 있습니다. 세상을 구하는 일은 만만치 않습니다. 그러나 우리가 다른 사람들과 서로 힘을 모으면 작은 변화가 큰 차이를 만들 수 있습니다.

유니세프의 도움으로 '차일드 투 차일드(Child to Child)'
프로그램의 자원 활동 중인 해너

에티오피아의 **아즈메라**

걸 라이징

교육 = 가능성의 힘

한 사람 한 사람의 노력은 우리를 둘러싼 세계에 큰 영향을 미칩니다. 이 사실은 이 책에서 만난 소녀들에게도 똑같이 작용합니다. 물론, 모든 소녀 이야기의 결말은 명확하지 않으며, 우리가 마주한 몇 가지 더 큰 문제는 해결책이 확실하지 않습니다. 걸 라이징에서 재정 지원을 받은 대부분의 소녀는 (일부 형제자매와 가족 구성원도 포함하여) 상당히 잘 지냅니다. 소녀들은 교육에서 소외된 상황에서 벗어날 수 있었습니다. 새로운 교육이 소녀의 삶에 어떤 영향을 미치며, 결국 소녀가 세상을 바꾸는 데에 어떤 기여를 할까요? 교육으로 자신만의 길을 여는 것뿐만 아니라, 훗날 다른 사람들을 도울 준비를 하는 몇몇 소녀들의 이야기를 만나 봅시다.

**백악관에서 미셸 오바마를 만난
소카와 스레이나**

캄보디아의 소카

2014년 7월부터 8월까지, 소카는 CIEE(Council on International Educational Exchange: 국제교육교류위원)의 여름 리더십 아카데미에 참여했습니다. 캄보디아에서 서아프리카 세네갈의 수도 다카르로 여행하면서 동료 학생들과 함께 사진 촬영 기술과 지속 가능한 임업과 같은 다양한 연구를 진행했습니다. 여행 중에 사막을 보고 낙타도 탔습니다. 소카는 소셜 미디어로 여행 이야기를 나눴습니다. "너무 더웠지만 정말 멋지고 신기한 경험이었어요." 리더십 아카데미 교육 프로그램에 사회 봉사 시간도 포함되었으며 소카는 고아원에서 활동했습니다. 아이들과 함께 시간을 보내고 밖에서 같이 놀이를 하며 친해졌습니다. CIEE의 '생존 언어 수업' 시간에 몇 가지 언어를 배우는 일도 교환 교육 프로그램에서 중요했습니다. 소카는 "세네갈 원주민 언어인 월로프어와 프랑스어를 배웠어요. 즐겁게 배웠고, 사람들과 소통을 할 수 있어서 좋았어요."라고 전했습니다.

2015년 3월 캄보디아에서 소카는 또 다른 놀라운 기회를 얻었습니다. 몇 년 전 미국 방문 때, 소카는 당시 미국 대통령 버락 오바마의 부인 미셸 오바마(Michelle Obama)에게 자신을 '쓰레기 매립장의 아이'라고 소개했습니다. 그러면서 미셸에게 캄보디아를 방문해 달라고 했습니다. 이후, 오바마 전 대통령 내외는 '렛 걸스 런(Let's Girls Learn)' 캠페인을 출범하였으며, 2015년 미셸이 이 캠페인 실행을 위해 캄보디아를 방문했습니다. 미셸은 시엠레아프 지역의 학교 방문

행사에 소카를 초대했습니다. 렛 걸스 런은 소녀가 학교에 가고 지속적으로 교육받도록 전 세계적 차원에서 지역사회의 노력을 지원하는 캠페인입니다. 이 캠페인에 소카도 관심이 아주 많습니다. 청년을 중심으로 봉사자를 훈련·파견하는 미국의 평화 봉사단(Peace Corps) 자원봉사자들이 이 캠페인을 펼칩니다. 전체 아동의 약 20%만 중등 교육 과정을 마치는 캄보디아는 이 캠페인의 우선 실행 대상 11개국 중 한 곳입니다.

소카는 학교 방문 행사에 초대받았을 뿐만 아니라 미셸과 캄보디아 총리 훈 센(Hun Sen)의 부인 분 라니(Bun Rany)와 함께 교육에 관해 이야기를 나눌 기회가 있었습니다. 미셸과 평화 봉사단 자원봉사자들이 작은 원탁 토론을 할 때 소카가 참여했습니다. 소카는 미셸 옆에 앉았습니다. 이 토론의 주제는 캄보디아의 소녀 교육 지원에 관한 것이었습니다. 소카는 "정말 멋지고 놀라웠어요. 우리는 서로 생각을 공유하면서 함께 문제를 해결할 방법을 찾았어요."라고 말했습니다.

또한 소카는 사업이나 조직 관리 방법을 배우는 것에 관심이 있어서 2015년 4월에 경영학 수업을 들었다고 전했습니다. 교육 과정을 끝까지 마치는 일이 소카에게 가장 중요합니다. 2016년에는 12학년(우리나라 학제로 고등학교 3학년-옮긴이)이 되어 모든 수업에 즐겁게 참여했습니다. 배움을 향한 소카의 열정은 조금도 꺾이지 않았습니다. 소카는 "틈틈이 시간 날 때 독서하는 게 좋아요."라고 말했습니다. 소카는 여유 시간이 많지 않습니다. 주말에 수업을 추가로 더 들으며 미국 대학에 입학할 계획을 세웁니다.

시타와 어머니

네팔의 시타

시타는 4년 동안 캄라리로 생활했지만 이제는 자유를 찾고 학교로 돌아갔으며, NYF와 함께 캄라리 관습 철폐 활동을 시작했습니다. 교육 덕분에 시타는 잘 지냅니다. 시타는 자신의 생각을 명확하게 표현하는 능력이 뛰어납니다. 시타가 용기 있게 말한 덕분에 여동생이 캄라리로 팔려 가지 않았습니다. 시타는 어머니가 이름 쓰는 법을 배우는 데에 도움을 줬습니다.

네팔의 수마

수마는 시타와 달리 전혀 교육을 받지 못한 채 여러 해 동안 캄라리 생활을 했습니다. 지금은 그 잃어버린 시간을 만회하려고 노력 중입니다. 이런 모습은 과거 캄라리였던 소녀에게 매우 일반적이며 당연한 일입니다. 수마는 10학년(우리나라 학제로 고등학교 1학년–옮긴이) 입학 시험에 떨어졌지만 지역 의료 보조 인력 양성을 위해 NYF가 개설한 29개월 과정의 교육 프로그램을 수료했습니다. 지금은 컴퓨터 활용 기술과 영어 회화 과정을 수강합니다. 또한 NYF의 또래 상담가로 활발히 활동하며 캄라리였던 소녀를 돕기 위해 NYF가 설립한 협동조합에 참여했습니다.

수마는 고향 마을에 병원을 세우고 싶어 합니다. 그리고 소녀의 권리를 보호하는 일에 계속 헌신합니다. 지금 그 일을 할 수 있는 능력을 갖췄습니다.

페루의 세나

2013년 6월 세나 가족은 애나니아산을 떠났습니다. 세나와 남동생은 모두 더 좋은 학교에 입학했습니다. 세나는 "삶이 많이 달라졌어요. 여기 와서 새로운 것을 봤어요. 학교가 정말 좋아요. 반 친구들도 마음에 들어요."라고 말했습니다.

온 가족이 함께 지내기 비좁던 옛집과 달리 새집에는 세나 방이 따로 있어, 거기서 공부할 수 있습니다. 또 세나는 처음으로 안경을 썼습니다. 공부할 때 큰 도움이 되고 학교에서 칠판도 잘 보입니다. 2013년 12월 27일, 세나는 고등학교(페루 학제는 초등학교 6년, 중·고등학교 5년–옮긴이)를 졸업했습니다. 졸업 축하 파티 때 세나는 화려한 드레스를 입고 하이힐을 신고 화장을 했습니다. 〈걸 라이징〉 제작진이 처음 라린코나다에서 만났을 때와는 전혀 다른 모습이었습니다. 세나는 "미래를 생각하면 행복해요. 난 전문가가 될 거니까요. 대학에 진학할 수 있도록 열심히 공부할 거예요."라고 말했습니다.

2014년 1월 세나는 대학에 입학해 경영학 공부를 시작했습니다. 같은 해 6월 페루 수도 리마에서 열린 여성 교육에 관한 학회에 참석했습니다. 또 12월에는 페루 잡지 〈소모스〉에 페루의 「이름 없는 영웅」이라는 특집 기사에 소개됐습니다. 세나가 새집에서 대학 친구들과 함께 있는 모습, 남동생과 농담을 주고받고 카메라를 향해 얼굴을 찌푸리며 장난치는 모습을 담은 비디오 영상과 사진을 보면, 애나니아산에 살던 때 세나의 얼굴에 드리워졌던 슬픔은 말끔히 사라졌습니다. 지금은 세나가 꿈꾸던 삶을 살고 있습니다.

많은 사람이 최상의 여건 속에서도 꿈을 이루는 과정에서 비틀거리며 넘어집니다. 세나도 그 과정에서 상당히 힘든 시간을 보냈습니다. 그러나 세나는 자신의 앞길이 순탄치만은 않다는 사실, 그래서 강한 의지가 필요하다는 사실을 잊지 않았습니다. 세나는 열네 살 때 〈걸 라이징〉의 지나 프로듀서를 처음 만났습니다. 그때 지나 프로듀서가 세나에게 엔지니어의 꿈을 이루는 데에 어떤 어려움이 있을지 물어봤습니다. 세나는 "꿈을 이루기가 결코 쉽지 않다고 생각해요. 몇 가지 문제가 있을 거라고 봐요. 시간이 좀 걸릴 거예요."라고 대답했습니다. 세나는 성적 때문에 어려움을 겪었습니다. 때때로 예전의 고통스러운 기억에서 완전히 벗어나기도 어렵습니다. 또한 스스로 세운 목표를 이뤄야 한다는 사실과 자신이 누리는 교육 기회와 장학금 혜택에 부응해야 한다는 사실에 부담을 느낍니다.

세나의 삶에 한 가지 더 엄청난 변화가 있었는데, 2015년 9월 바로 아기를 낳은 것입니다. 그때 세나는 열여덟 살이었습니다. 세나 어머니와 아기의 아빠가 육아를 돕기로 했습니다. 세나는 학업을 끝까지 마치는 데에 그 어느 때보다 최선을 다했습니다. 그래서 아이에게 더 나은 미래를 선사할 수 있었습니다. 또한 세나는 시를 계속 쓰려고 합니다. 성공을 향한 순수한 열정과 추진력으로 볼 때, 세나는 앞으로 어떤 일이든 분명 잘 해낼 것입니다.

시에라리온의 마리아마

마리아마 가족은 잘 지냅니다. 마리아마는 과학에 관심이 많습니다. 마리아마의 선생님은 마리아마가 매우 열심히 공부한다고 전합니다. 학교에서 마리아마는 토론 시간과 연극 활동 시간에 적극적으로 참여하며 연극 동아리의 운영부장으로 활동합니다. 마리아마는 교육 지원을 받은 덕분에 공부에 전념할 수 있었습니다. 2016년에는 대학입학자격시험을 응시하고 대학교에 지원할 수 있었습니다. 마리아마는 첫 번째 관문을 통과했습니다!

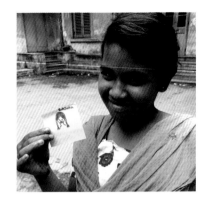

인도의 룩사나

이 글을 쓰는 시점에서 룩사나 가족은 여전히 콜카타의 길거리 천막집에서 지냈습니다. 밤이 되면 룩사나 자매들은 집 근처의 보호소로 가서 잠을 잤습니다. 룩사나 형제자매 모두 학교에 다니며, 아버지는 〈걸 라이징〉 제작 회사에서 선물한 사탕수수 주스 판매대에서 직접 장사를 합니다. 룩사나가 마사 프로듀서를 만난 그해 여름, 룩사나는 인도 델리에서 다시 〈걸 라이징〉 제작진을 만났습니다. 룩사나는 발리우드식 힌디어 버전 영화 제작을 포함해 걸 라이징의 인도 지부 출범을 도왔습니다.

또한 그해 초, 룩사나는 월드비전의 LSTD(Life Skills for Transformational Development: 혁신적 개발을 위한 생활 기술) 프로그램에 참여했습니다. 5일 동안 진행하는 프로그램에서 어린이들은 노래와 춤, 단막극 등 여러 활동을 하면서 자신들의 권리와 건강, 영양, 교육의 중요성을 배웁니다.

룩사나는 메트로폴리탄 여자고등학교에 다녔으며 모범적인 학생이었습니다. 학교에서 공부하면서 춤과 가라테, 그림 그리기를 익혔습니다. 룩사나는 그림 그리기를 좋아하며 커서 미술 교사가 되고 싶어 합니다. 룩사나 형제자매와 다른 소녀들을 대상으로 하는 영어 강좌를 추가 개설하기 위해 걸 라이징은 지역사회에서 모금을 시작했습니다.

에티오피아의 멜카

멜카는 강제 결혼한 날 밤에 끔찍한 일을 겪었습니다. 그러나 멜카의 지성과 의지는 변함없었습니다. 멜카는 교사가 되었으며 자신이 하는 일에 관해 이렇게 말했습니다. "아무도 내게 이 일을 해 달라고 하지 않았어요. 하지만 내가 이 일을 하는 이유는 해야만 하기 때문이에요. 난 '여자아이는 재수 없다'고 하는 말을 들으면서 자랐어요. 하지만 난 그렇게 생각하지 않아요. 우리 마을 소녀들은 힘들게 일해야 하는데, 그렇게 많이 일할 필요 없어요. 여전히 우리는 의사나 교사가 되는 꿈을 꿔요. 내가 겪은 일을 다른 사람은 겪지 않게 하려고 교사가 됐어요. 여기 학교에서, 소녀에게 자신의 권리를 가르쳐요. 다른 소녀는 나와 같은 고통을 겪지 않도록 이 일을 하는 거예요. '여자아이는 재수 없다'라는 말이 틀렸다는 걸 학생들이 알았으면 해요."

에티오피아의 아즈메라

2015년 5월 근황을 확인했을 때 아즈메라 역시 잘 지내고 있었습니다. 아즈메라는 어머니와 함께 살고 있으며 어머니의 지원 아래 공부를 계속했습니다. 아즈메라는 학교에서 학생 45명 중 6등을 했습니다. 다음에는 1등을 하려고 노력한다고 했습니다! 어머니는 아즈메라의 삼촌과 함께 농사를 지으며 소득이 늘고, 집안 형편도 좀 더 나아졌습니다.

아이티의 와들리

와들리는 바빴습니다! 2013년 11월 와들리는 아이티의 수도 포르토프랭스에서 열린 교육 학회에 참석한 미국의 안 던컨(Arne Duncan) 전 교육부 장관을 만났습니다. 던컨은 미국 정부의 자금 지원을 공식 발표하기 위해 아이티에 왔습니다. 미국의 지원금은 아이티의 교육 접근성을 개선하는 데에 쓰입니다. 교육 학회에서 〈걸 라이징〉의 등장 인물로 유명한 와들리를 초청했습니다. 한편 세계적인 의료 구호 단체인 '파트너스 인 헬스(PIH: Partners in Health)'에서 활동하는 케이트 오즈월드가 지진 발생 이후 와들리 가족을 도왔습니다. 케이트는 와들리와 아주 돈독하게 지냈습니다. 케이트는 와들리와 함께 던컨을 만나 통역을 담당했습니다. 케이트는 "미국의 주요 교육 정책 결정자들이 와들리를 만나 같이 사진을 찍고 싶어 하는 모습이 보기 좋았어요. 모두 〈걸 라이징〉을 보고 학교에 계속 다니고 싶어 하는 와들리의 끈기에 열렬한 팬이

됐어요."라고 말했습니다.

이러한 이유 때문에 던컨은 와들리의 생각을 듣는 데에 크게 관심을 기울였습니다. 와들리는 아이티에 더 많은 책, 더 좋은 인터넷 환경이 필요하며 자격을 갖춘 교사가 많이 있어야 한다고 자신의 생각을 밝혔습니다. 와들리는 던컨에게 자신이 수학을 얼마나 좋아하는지 말하고, 두 사람이 같이 수학 문제를 풀기도 했습니다.

2015년 1월 집을 파괴한 지진이 발생한 지 5년이 지나고 와들리는 열두 살이 되었습니다. 와들리의 삶은 많이 달라졌습니다. 일주일에 6일을 학교에 다니고 가족 다섯 명이 포르토프랭스에 있는 방 두 칸짜리 집에서 잘 지냈습니다. 집에 부엌과 욕실이 없고 종종 전기가 들어오지 않을 때도 있습니다. 그러나 와들리는 넓은 침대 두 개와 가족이 모두 모일 수 있는 탁자가 있다는 사실에 감사합니다.

한 달 후, 에드위지 당티카 작가가 와들리를 만나러 왔습니다. 여전히 와들리는 수영하기와 사람들 사진 찍기를 좋아하지만 요즘 가장 좋아하는 취미는 가라테입니다. 와들리는 에드위지 작가 앞에서 자신의 가라테 실력을 선보였습니다. 와들리는 고급 영어 수업을 받을 수 있는 열네 살 생일을 손꼽아 기다렸습니다. 2016년에도 학교에 잘 다니며 주말에는 영어 공부에 집중했습니다. 의사가 되겠다는 꿈이 커지듯, 수학과 과학을 좋아하는 와들리의 마음도 점점 커집니다.

여기에서 소개한 소녀들 모두 계속 교육받으면서 자신의 생각과 목표를 확장하고 발전시킵니다. 〈걸 라이징〉의 인터뷰 장면에서 에드위지가 한 말이 깊게 울려 퍼집니다.

"사람들은 잊습니다. 아이들은 아이들일 뿐이라는 사실을요. 어린 소녀는 어린 소녀입니다. 소녀는 뛰놀고 꿈꾸고 웃음을 터뜨립니다. 소녀 모두 똑같은 것을 원합니다. 다들 괜찮은 삶, 인간다운 삶을 원합니다. 소녀들은 머리에 각각 다른 리본을 맬지도 모릅니다. 어떤 소녀는 스카프를 두르거나, 또 어떤 소녀는 아무것도 하지 않을 수도 있습니다. 하지만 여전히 어린 소녀입니다. 우리는 학교에 갈 기회를 갖지 못하는 아이들을 위해 일종의 전사가 되어야 합니다. 아이들이 품은 열의와 열정, 꿈은 너무도 확실하기 때문입니다. 아이들은 좀 더 나은 미래를 누릴 자격이 있습니다."

자신이 처한 상황에서 벗어나 원하는 바를 이룬 소녀들뿐만 아니라, 아직 교육받을 기회를 갖지 못한 수많은 소녀를 만나고 나는 완전히 달라졌습니다. 결론적으로 이 소녀들을 만난 후 나는 세상을 보는 눈이 넓어지고, 더 많은 지식을 쌓았습니다. 화가 나고 울음이 터지기도 했으며 한편으로 희망을 갖기도 했습니다. 이 소녀들과 만난 후, 우리 모두에게 변화가 있기를 진심으로 바랍니다.

인도의 여학생들

왼쪽부터 〈걸 라이징〉 작가 수니 타라포레바라, 룩사나,
〈걸 라이징〉 프로듀서 겸 최고 제작 책임자 마사 애덤스, 룩사나의 자매 로즈

네팔 룸 투 리드 사회복지사 리시 아마티아와
〈걸 라이징〉 감독 리처드 로빈스

작가의 말

책을 쓰는 과정은 언제나 새로운 도전입니다. 이 책을 쓰면서 나의 글쓰기 능력과 작가로서 정체성을 고민했습니다. 나는 적합한 조사를 신중하게 진행하고 논픽션으로 정확성을 보장하기 위해 가능한 한 모든 것을 준비하면서 그 내용을 기록했습니다. 필요한 경우 출처를 투명하게 밝히고, 인용 자료의 관점이 편향되지 않도록 노력했습니다. 물론, 나는 많은 조사를 해야 했지만, 상당 부분 〈걸 라이징〉 제작진이 제공한 자료의 도움을 받았습니다. 제작진은 전 세계를 누비며 소녀들을 인터뷰했습니다. 소녀들의 상황을 파악하고 이들을 초대해 이야기를 들었습니다. 〈걸 라이징〉 제작진은 내게 보물을 준 것입니다. 그러나 저널리스트로서 나 또한 제작 과정이 어떠한지 충분히 배워야 했습니다. 제작진의 자료를 이해하고 신뢰하기 위해서 필요한 일이었습니다.

이 전체 프로젝트는 내 시야를 넓혀 주는 놀라운 학습 경험이었습니다. 〈걸 라이징〉 제작진이 내게 전한 귀중한 자료는, 리처드 로빈스 감독과 프로듀서들이 작성한 현장 노트와 45시간 분량의 인터뷰 영상 원본 자료입니다. 특히 인터뷰 영상 자료에는, 영화에 출연한 9개국의 아홉 소녀 모습뿐만 아니라 영화에 등장하지 않았지만 다른 많은 국가에서 진행한 인터뷰 영상이 있었습니다. 나는 현장 노트를 읽고 제작진이 촬영 현장에서 느낀 감정들을 알 수 있었습니다. 제작진은 멀리 떨어진 곳에 사는 소녀의 삶을 파악하기 시작했습니다. 제작진은 영화를 촬영할 때 받은 인상을 여과 없이 현장 노트에 적었습니다. 현장 노트에는 너무나 인간적이고 때로는 가슴 아프고 때로는 기쁘기도 한 내용이 있었습니다. 나는 제작진이 현장에서 직접 기록한 내용에 감탄하며 간접 체험을 했습니다.

인터뷰 영상 원본 자료를 보면서 소녀들의 고통과 기쁨, 이야기를 바로 마주하였습니다. 한편, 이 모든 자료는 내게 미묘한 도전 과제와 곰곰이 생각할 문제를 제기했습니다. 예를 들어, 각 인터뷰에서 소녀의 나이를 밝혔습니다. 그런데 나이가 그렇게 간단한 문제일까요? 나이를 정확히 알 수 있는 근거가 있을까요? 몇몇 경우를 제외하고 이들 국가에서는 출생증명서를 구하기 힘들거나 아예 서류가 없기도 합니다. 그저 가족의 기억에 의존하는 경우가 많기 때문에 아이의 출생 일자가 항상 정확하지는 않습니다. 그래서 나이에 관한 정보를 확인할 확실한 방법이 없습니다. 또한 많은 빈곤 지역에서는 가족의 추억을 기록하고 흔적을 남길 수 있는 사진첩이나 일기장이 흔하지도 않습니다. 다시 말해, 가족의 일화와 기억에 관련된 내용은 고정불변의 기록에 바탕을 두기보다는 입에서 입으로 전해집니다. 내용의 정확성 측면에서 나는 이 점을 유념했습니다.

〈걸 라이징〉 제작 책임자 알렉스 디온과
에티오피아 소녀들

어떤 면에서 인터뷰도 그렇게 볼 수 있습니다. 각각의 경우 나는 소녀가 모국어로 말하는 내용을 듣고 난 뒤, 통역사가 전달하는 의미를 파악했습니다. 각 지역의 현지 통역사에 따라 통역 방법에 조금씩 차이가 있었습니다. 그래서 나는 인터뷰를 인용할 때마다 소녀들이 보이는 몸짓이나 표정, 감정적 반응 등 모든 사항을 고려해 문장과 단락을 구성했습니다. 인터뷰 내용이 충분히 정확하게 전달되도록 노력했습니다. 제작진이 제공한 수천 개의 멋진 이미지 중 몇 개만을 선택해야 할 때도 같은 방식으로 접근했습니다. 매우 다양한 장소에서 촬영한 사진 중 책 내용에 부합하고 출처가 명확한 이미지만 사용했습니다.

나는 소녀 인터뷰의 통역 내용을 확인하기 위해 〈걸 라이징〉 작가들과도 소통했습니다. 작가들은 소녀들과 얼굴을 서로 마주하며 친해졌고 촬영이 아닐 때도 많은 시간을 함께 보냈습니다. 다시 말해, 제작진 중에서는 작가들이 소녀들을 가장 많이 안다는 뜻이었습니다. 그래서 각각의 작가에게 내가 소녀의 이야기를 해석한 부분을 검토해 달라고 부탁했습니다. 이야기를 제대로 파악했는지, 사실이나 문화적인 측면에서 틀린 내용은 없는지 알려 달라고 했습니다.

그리고 이 과정이 중요한 이유가 한 가지 더 있었습니다. 〈걸 라이징〉은 전통적인 다큐멘터리 영화가 아니기 때문입니다. 때때로 소녀의 신변을 보호하기 위해 영화의 몇 장면은 작가가 사실과 다르게 구성하거나 창작했습니다. 그 부분에 의문이 있으면 나는 작가에게 물어볼 수 있었습니다. 영화 대본을 활용하지 않고 내가 궁금증이 생기는 내용에서 이야기를 시작한 것도 이 때문입니다. 영화 대본을 참고했다가 의도치 않게 사실이 아닌 내용을 옮기는 실수를 피하고 싶었습니다.

나는 이 책을 쓰면서 예상치 못한 감정의 변화를 겪었습니다. 내용을 알면 알수록 더 깊이 파고들고 싶었습니다. 어느 지점에서 멈출지 정하기 어려웠습니다. 수십 권의 책에 담긴 것보다 실제로 더 많은 이야기가 있습니다. 그러나 이런 책의 내용을 효과적으로 전달하기 위해서는 주제에 집중하고 분량으로 독자를 압도하지 않아야 합니다. 이야기를 더 많이 발견할수록 나는 더욱 힘들었습니다.

이 책을 쓰면서 나는 거의 녹초가 돼 버렸습니다. 소녀들의 인내와 에너지, 용기, 강인함이 나를 여기까지 이끌었습니다. 하루하루 바쁘긴 했어도 학교 교육이 무상인 국가의 따뜻한 내 집에서 깨끗한 물을 사용하고 식사도 풍족하게 하며 안락하게 지냈습니다. 나는 불평할 거리가 아무것도 없었지만 집필하는 중에 정신적인 휴식이 필요했습니다. 연달아 며칠을 집필과 조사에 몰두하고, 뒤이어 하루는 휴식을 취하는 과정을 반복했습니다. 이 책을 쓰는 과정은 선물과 같은 시간이었습니다. 특히, 자신의 이야기를 공유한 모든 소녀에게

진심으로 감사합니다. 내가 많은 것을 배울 수 있었던 것은 소녀의 이야기를 자세히 들을 수 있었기 때문입니다. 모두를 위해 소녀가 자신의 삶을 공개한 점을 우리는 주목해야 합니다. 모든 소녀가 자신이 한 일이 세상에 중요한 영향을 끼쳤다는 사실을 알기 원합니다.

〈걸 라이징〉 작가 로웅 웅

프로듀서 지나 네미로프스키와 인도 소녀들

감사의 말

모든 책이 그렇듯 이 책 역시 여러 사람의 도움이 없었으면 출판은 훨씬 더 어려웠거나 어쩌면 불가능했습니다. 도와준 모든 분께 깊이 감사드립니다.

영화를 책으로 쓸 수 있을지 문의하는 내 전화를 처음 받고 그 이후로 언제나 큰 도움을 준 케이세 프리드 제닝스에게 감사합니다. 당신처럼 멋진 친구를 만나 더할 수 없이 행운이라 생각합니다.

내 질문에 항상 친절하게 답해 주고 귀중한 자료를 공유하며 어려운 문제를 해결하는 데에 도움을 준 마사 애덤스와 세라 허버드에게 감사합니다. 내가 정보를 추적하거나 확인이 필요할 때 도움을 준 톰 옐린과 크리스티나 로워리, 홀리 고든, 콜린 해밀턴, 케이트 브라우닝, 지나 네미로프스키, 알렉스 디온, 에이미 앳킨슨을 포함한 〈걸 라이징〉 제작진 모두에게 감사드립니다. 내가 옮긴 소녀들의 이야기를 친절하게 검토해 주고, 영화에도 출연한 멋진 여성 작가들 에드위지 당티카, 마자 멘기스테, 마리 아라나, 만주사리 타파, 로웅 웅, 아미나타 포르나, 자루나 카르가르에게도 감사를 전합니다.

나와 이야기 나눴던 리처드 로빈스 감독에게도 감사합니다. 무엇보다 〈걸 라이징〉이라는 놀라운 작품을 만들었다는 사실에 진심으로 감사합니다. 마사 애덤스 당신도 마찬가지입니다! 비디오 영상으로 두 사람의 모습을 보면서, 촬영 현장에서 쓴 현장 노트를 읽으면서 수없이 눈물을 흘렸습니다.

영화 제작 과정에서 소녀들 가족만큼이나 소녀들의 교육받을 권리 보장을 위해 물심양면으로 힘써 준 단체, 걸 라이징에 이번 기회에 공식적으로 감사를 표하고 싶습니다. 각각의 상황이 다름에도

〈걸 라이징〉 작가 마리 아라나와 세나

걸 라이징은 경험이 풍부한 비영리 단체와 긴밀히 협력하여 필요한 사항을 파악하고 가능한 한 최선을 다해 소녀가 안전한 환경 아래, 최소 중등교육까지 마칠 수 있는 기회를 마련해 주었습니다. 걸 라이징의 기금 전략 파트너 인텔 코퍼레이션은 처음부터 영화 제작과 이 글로벌 캠페인에 기꺼이 헌신했으며 소녀와 그 형제자매의 교육받을 기회 지원을 위해 노력했습니다.

내 현명하고 센스 있는 에이전트 로즈메리 스티몰라에게 감사를 표합니다. 나와 이 대담한 모험을 함께해 준, 언제나 지혜로운 웬디 램에게 감사합니다. 그리고 데이나 케리와 웬디램북스·펭귄랜덤하우스 팀, 특히 앤절라 칼리노과 앨리슨 임피, 헤더 켈리, 스테퍼니 모스에게 감사합니다. 프로젝트를 위해 여러분이 쏟은 재능과 열정, 헌신에 감사드립니다.

아일린 코웰과 로라 루비, 스티븐 키어넌, 도라 수다르스키, 앤드리아 화이트, 샤리 리바인, 크리스틴 존슨 게스만, 앨리슨 제임스, 레슬리 케이힐, 로리 스톤에게 감사의 말을 전합니다. 이들은 내가 공유한 이야기에 귀 기울이고, 그중 일부 내용을 다듬었습니다. 필자인 나를 묵묵히 기다려 주며 긴장을 풀어 주고 즐거움도 되찾아 주었습니다.

어릴 때부터 내게 매일 무한한 배움의 기회와 교육의 기반을 마련해 준 아버지 버드 스톤에게 감사합니다. 내 '용기와 열정'의 토대는 아버지의 깊은 사랑과 가르침에 뿌리를 둡니다.

빈곤과 여성 문제, 세계 전반에 걸친 문제에 무한한 지혜와 풍부한 지식을 공유해 준 린다 맥기니스에게 감사합니다. 숲을 산책하며 깊은 대화를 나누고 내 지혜를 넓힐 준비가 되었습니다.

불을 지피고 초를 켜는 따뜻한 마음과 정신을 지녔으며 안전을 지켜 주는 절대적인 동반자 벤 애쉬에게 감사합니다.

세라 애런슨은 나를 한결같이 지지하며 자매애로 아껴 줍니다. 세라는 내가 충격에 휩싸여 내용을 제대로 전달하지 못해도 알아듣는 능력

수마와 선임 프로듀서
케이세 프리드 제닝스

〈걸 라이징〉 작가 마자 멘기스테와 아즈메라

이 있습니다. 내 가장 가까운 독자가 돼 주어 감사합니다. 내 작업 과정에서 적당한 순간을 일러 주며 필요할 때 삭제 버튼이 필요함을 알려 주어 감사합니다.

내 영혼을 살찌우는 아이들 제이크와 리사에게 감사합니다. 아이들에게 감사와 사랑을 전할 수 있는 충분한 단어가 이 우주에 없습니다. 우리가 함께하는 이 풍요로운 삶에 진실로 감사합니다. 삶은 아름답고 소중합니다.

〈걸 라이징〉 작가 에드위지 당티카와 와들리

캄보디아의 한 시장에서 리처드 로빈스(오른쪽)

〈걸 라이징〉작가 아미나타 포르나와 마리아마

캄보디아에서 리처드 로빈스 감독

이 책의 저자, 타냐 리 스톤

걀 라이징 세상을 바꾼 소녀들

초판 1쇄 발행 2017년 08월 11일

글쓴이 타냐 리 스톤, 걸 라이징
옮긴이 여채영
펴낸이 한혁수

기획 · 편집 박지연, 이예은, 민가진
디자인 김세희
마케팅 김남원, 구혜지
제작관리 김남원

펴낸곳 도서출판 다림
등 록 1997. 8. 1. 제1-2209호
주 소 07228 서울시 영등포구 영신로 220 KnK디지털타워 1102호
전 화 (02) 538-2913 **팩 스** (02) 563-7739
블 로 그 blog.naver.com/darimbooks
다림 카페 cafe.naver.com/darimbooks
전자 우편 darimbooks@hanmail.net

ISBN 978-89-6177-149-8 43300

ⓒ 타냐 리 스톤, 걸 라이징 2014